新时代智库出版的领跑者

国家智库报告（2021）
National Think Tank (2021)

走融合共享的内生型乡村振兴之路：
来自四川省成都市郫都区的探索

TAKE AN INTEGRATING AND SHARING PATH OF ENDOGENOUS RURAL REVITALIZATION:

EXPLORATION FROM PIDU DISTRICT OF CHENGDU,SICHUAN PROVINCE

魏后凯　苑鹏　芦千文　等著

中国社会科学出版社

图书在版编目(CIP)数据

走融合共享的内生型乡村振兴之路:来自四川省成都市郫都区的探索/魏后凯等著.—北京:中国社会科学出版社,2021.10

(国家智库报告)

ISBN 978-7-5203-9293-8

Ⅰ.①走… Ⅱ.①魏… Ⅲ.①农村—社会主义建设—研究报告—成都 Ⅳ.①F327.714

中国版本图书馆 CIP 数据核字(2021)第 220468 号

出 版 人	赵剑英
项目统筹	王 茵 喻 苗
责任编辑	张冰洁 周 佳
责任校对	季 静
责任印制	李寡寡
出 版	中国社会科学出版社
社 址	北京鼓楼西大街甲 158 号
邮 编	100720
网 址	http://www.csspw.cn
发 行 部	010-84083685
门 市 部	010-84029450
经 销	新华书店及其他书店
印刷装订	北京君升印刷有限公司
版 次	2021 年 10 月第 1 版
印 次	2021 年 10 月第 1 次印刷
开 本	787×1092 1/16
印 张	12.5
插 页	2
字 数	110 千字
定 价	68.00 元

凡购买中国社会科学出版社图书,如有质量问题请与本社营销中心联系调换

电话:010-84083683

版权所有 侵权必究

摘要：以建设全国乡村振兴示范区为目标，四川省成都市郫都区以加快推进城乡融合发展为主线，以进一步深化要素市场化和体制机制改革为先导，以全面融合为路径，以共享发展为目的，全方位、全领域、全区域推进五大振兴，形成了融合共享的内生型乡村振兴模式。这一模式的内涵是依靠党建引领、改革驱动、产业支撑、文化赋能、开放推动的"五轮驱动"，推动城乡要素融合、产业融合、"三生"融合、服务融合、身份融合和生活融合"六大"融合，构建资源共享、机遇共享、成果共享的城乡发展共同体和乡村发展共同体，全面激发乡村内生发展活力。本书在概括主要做法，分析基本经验和推广价值的基础上，从构建新型城乡工农关系、加快农村产业融合发展、促进"三生"融合生态振兴、探索农村土地制度改革、完善乡村治理机制、推进乡村人才振兴六个方面系统介绍了郫都区探索融合共享的内生型乡村振兴之路的创新举措和实践价值。

关键词：乡村振兴；城乡融合；共同富裕；内生型发展；郫都

Abstract: Pidu District of Chengdu has promoted five revitalization in all directions, all fields and all regions with accelerating intergrated urban-rural development as the main line, further deepening factor marketization and system and mechanism reform as the guide, comprehensive integration as the path and shared development as the purpose, forming an endogenous rural revitalization model of integration and sharing. The connotation of this model is to rely on the "five wheel drive" led by Party building, driven by reform, industrial support, cultural empowerment and opening-up, promote the "six major" integration of urban and rural elements, industries, "production, life and ecology", services, identity and life, and build an urban-rural development community and rural development community with shared resources, opportunities and achievements, comprehensively stimulate the endogenous development vitality of rural areas. On the basis of summarizing the main practices, analyzing the basic experience and promotion value, this book systematically introduces the innovative measures and practical value of promoting rural revitalization in Pidu in six aspects, including building a new relationship between urban and rural, accelerating the integrated development of rural industries, promoting the ecological revitalization of the integration of "production, life and ecology", exploring the reform of rural land system, improving rural governance mechanism and promoting the revitalization of rural talents.

Key words: Rural revitalization, Urban-rural integration, Common prosperity, Endogenous development, Pidu

前　言

作为新发展阶段"三农"工作的重心,全面推进乡村振兴重在激发内生活力,走内生型乡村振兴之路。2018年2月12日,习近平总书记考察四川省成都市郫都区战旗村,提出"继续把乡村振兴这件事做好,走在前列,起好示范"的要求。三年多来,郫都区全面推进乡村振兴,打造城乡居民资源共享、机遇共享和成果共享的发展共同体,初步形成了融合共享的内生型乡村振兴模式,为全国城郊型农村全面推进乡村振兴提供了可借鉴的有益经验,具有重要的推广示范价值。

一　郫都区全面推进乡村振兴的主要做法

按照习近平总书记提出的要求,郫都区迅速行动,出台《关于深入贯彻落实习近平总书记来川视察重要

讲话精神 加快建设全国乡村振兴示范区的决定》和一系列配套文件，以加快推进城乡融合发展为主线，以进一步深化要素市场化和体制机制改革为先导，全方位、全领域、全区域推进五大振兴。

一是更加精准地深化改革。郫都区紧抓国家土地制度改革试点契机，打通集体经营性建设用地入市渠道，探索宅基地"三权分置"实现路径，尝试赋予引进的"新村民"宅基地使用权，建立区国有乡村振兴公司和村集体经营资产公司，构建起财政资金引导，国有投资公司、社会资本、村集体经济组织等按市场化原则合作的利益机制。通过深化改革和制度创新实现农村"三变"，建立起城市优质人才、资金要素下乡的顺畅机制，为乡村振兴提供源头活水。

二是推进以绿色富民为导向的产业振兴。以做绿做强做优本土优势特色品牌为主线，探索出一、二、三产业深度融合的多元模式。包括依托当地特色金针菇、韭黄等优势产业，以"龙头企业+合作社+农户"的模式，打造农业全产业链，通过股权联结，让农户分享产业链增值；依托郫县豆瓣品牌，引入行业龙头、打造中国川菜产业园区，实现本地劳动力就近就业；依托天府水源地、川西林盘等地域特色品牌，实行村股份经济合作社与工商资本股权合作，形成"一镇一节""一村一品"，促进农户实现工资性收入和财产性收入的快速增长。

三是推进生产、生活、生态三大系统耦合发展的生态振兴。探索"绿水青山"转化为"金山银山"的路径，打造非物质文化遗产的"川西林盘+"产业示范项目，明确村集体资产在项目中获得固定租金收益及按项目营业额的3%获得生态分红收益，实现生态效益与经济效益的统一；创新餐厨废水、洗涤废水、厕所污水"三水合一、一统三分"的"三水共治"模式；以建设公园城市、发展全域旅游为目标，将自然生态系统、农业生产系统和农村生活系统统筹发展，推动形成绿色发展方式和生活方式，塑造了人与自然和谐共生的川西特色乡村形态。

四是全面实施人才就地培养与外部引进相结合的人才振兴战略。建立四川战旗乡村振兴培训学院，对基层干部和技术能手全面轮训，并面向全国开展乡村振兴实用人才队伍培训；建设全国首个大学生创业示范园、全省首个退役军人就业创业孵化基地，优选大学生、退役军人2000余人充实村干部队伍，解决村组织公共服务、乡村治理等人才紧缺和干部老化难题。建立"新村民""新农人""新乡贤"引进制度，吸引140余名外来人才和近千名大学生返乡创业，形成有效聚合稀缺智才、保障实用人才供给的人才机制。

五是优秀传统文化赋能与党建相结合的文化振兴。

实施文化促进党建、文化铸魂乡村、文化耦合田园、文化筑底产业四大战略，挖掘本土院落文化、农耕文化、礼节文化、孝德文化等，实施乡村民风廊、文化廊、文化院坝打造工程，以大力传播好人事迹为切入点，弘扬道德风尚和文明新风；引导乡贤以文化道德力量教化乡民、反哺故土；有效发挥区镇村三级新时代文明实践中心作用，结合农民夜校等将党性教育常态化，筑牢党在农村的执政基础。

六是构建党建引领、多元创新的组织振兴。构建区级整体规划、联动推进，镇街统筹实施、分类推进，村级示范建设、专班推进的基层党建责任体系，创新开展本土特色的"打平伙·九大碗""众筹"等农民自组织共治模式，创造性地构建政府引导、村委主导、群众主体、乡贤带动、社会组织参与的多元主体联动、共建共治共享的基层社会治理模式。

郫都区推进乡村全面振兴的探索实践，全面激发了乡村内生发展活力，增强了内生发展动力，提高了内生发展能力，为形成工农互促、城乡互补、协调发展、共同繁荣的城乡融合发展新格局奠定了坚实基础。2020年，郫都区城乡居民收入比值缩小到1.60，远远低于全国的2.56，也低于成都的1.84；农村居民人均可支配收入30897元，接近广州市的平均水平。

二 郫都区全面推进乡村
振兴的基本经验

郫都区依靠党建引领、改革驱动、产业支撑、文化赋能、开放推动的"五轮驱动",推动城乡要素融合、产业融合、"三生"融合、服务融合、身份融合和生活融合"六大"融合,构建资源共享、机遇共享、成果共享的城乡发展共同体和乡村发展共同体,全面激发乡村内生发展活力,初步形成了融合共享的内生型乡村振兴模式。郫都模式的本质是以改革创新为动力,以全面融合为路径,以共享发展为目的,走融合共享的内生型乡村振兴之路。其主要经验包括以下五点。

一是咬住一个目标。郫都区坚持优先发展农业农村不动摇,以全力创建全国乡村振兴示范区为奋斗目标,围绕五大振兴,落实推动农业农村现代化的一系列举措,并通过大力宣传、广泛发动、营造氛围,使优先发展农业农村成为行动自觉。

二是构建两个支点。郫都区从自身区情出发,以区委区政府和村级组织作为两个着力点,创新"五级书记"抓乡村振兴的组织体系,初步形成了党委统筹全局,发动引领以基层民众为主体、多元参与的良性互动、共促发展新格局。

三是推进三个转化。其一，生态产业化。以公园城市建设为契机，发展绿色产业，构建"绿水青山"向"金山银山"转化的机制。其二，文化产业化。挖掘古蜀农耕文明的经济价值，发展文创产业，以文化产业化促进文化资源的保护和传承。其三，教育产业化。依托战旗村品牌优势，发展教育培训产业，并带动旅游关联产业，推动人才培育水平提升。

四是实现四个衔接。其一，协同推进产业功能区建设，优化城乡产业布局，实现乡村振兴与新型工业化的衔接。其二，协同推进智慧城市和数字乡村建设，实现乡村振兴与信息化的衔接。其三，探索构建新型工农城乡关系，打造城乡发展共同体，实现乡村振兴与新型城镇化的衔接。其四，大力培育本土新型农业经营主体，并引入行业领军龙头企业，构建现代农业三大体系，实现乡村振兴与农业现代化的衔接。

五是加速融合共享。通过构建城乡融合发展体制机制和政策体系，破除城乡分割体制，构建起城乡融合的要素市场体系、基本公共服务体系、社会保障体系及社会治理体系，实现城乡居民在资源、机会和成果等方面的共享。

三　全面推进乡村振兴郫都
模式的推广价值

郫都区融合共享的内生型乡村振兴模式，是内生型乡村振兴的有益探索，为城郊型农村全面推进乡村振兴提供了可借鉴的有益经验，在全国有重要的推广示范价值和借鉴意义。

一是按照新发展理念制定政府考核指标。以是否有利于"生态含金、发展含绿、农民富裕"，建立考核指标体系，通过转变激励机制，促使各级干部把农业农村优先发展作为第一要务。

二是强化改革的系统集成。将激活土地要素与吸引社会资本、引进外部人才、增加农民财产性收入联结在一起；实施多规合一，以全域化城乡融合理念调整优化政府机构及职能设置，健全完善农业农村优先发展的体制机制。

三是推进经济、生态、文化的耦合发展。通过产业—生态—文化的融合互促，实现乡村产业经济价值、生态价值、文化价值"三位一体"耦合发展；同时以股权为联结纽带，构建"公司+农民（村股份）合作社+农户"模式，实现共享发展。

目 录

总报告
城郊融合型的郫都区乡村振兴模式研究

一 郫都区推进乡村振兴的演变历程 …………（3）
二 郫都区推进乡村振兴的主要做法 …………（7）
三 郫都区乡村振兴模式的内涵与特点 …………（28）
四 郫都区全面推进乡村振兴的经验启示 …………（37）
五 郫都区乡村振兴模式的推广价值与意义 ……（45）
六 未来展望和建议 ……………………………（50）

专题报告一
郫都区构建新型城乡工农关系的实践创新

一 郫都区城乡融合发展的基本情况 …………（59）
二 郫都区完善城乡融合体制机制的创新 ………（61）
三 郫都区完善城乡融合体制机制的经验 ………（67）

专题报告二
郫都区农村产业融合发展的道路探索

- 一 富民增收导向下郫都区农村一、二、三产业
  融合发展的道路 …………………………………（73）
- 二 郫都区促进农村一、二、三产业融合发展的
  主要成效 …………………………………………（78）
- 三 富民增收导向下郫都区农村一、二、三产业
  融合发展的重要经验 ……………………………（85）

专题报告三
郫都区"三生"融合的生态振兴实践

- 一 郫都区生态振兴实践 ……………………………（95）
- 二 郫都区生态振兴实践推广价值 …………………（103）

专题报告四
郫都区农村土地制度改革的实践创新

- 一 郫都区农村土地制度改革实践 …………………（111）
- 二 郫都区土地制度改革主要经验和启示 …………（119）

专题报告五
郫都区完善乡村治理机制的实践与经验

一 郫都区农村基层治理的实践与创新 ………（129）
二 郫都区完善乡村治理体制机制的基本
　经验 ………………………………………（152）

专题报告六
郫都区推进乡村人才振兴的实践与经验

一 郫都区推动乡村人才振兴的实践探索 ……（161）
二 郫都区推动乡村人才振兴的经验启示 ……（174）

总报告

城郊融合型的郫都区乡村振兴模式研究*

---

* 课题组成员包括中国社会科学院农村发展研究所魏后凯、苑鹏、芦千文、赵黎、马翠萍、李登旺、王宾。执笔人：魏后凯、苑鹏、芦千文。

郫都区位于成都市第二圈层，是典型的区域性中心城市周边近郊区。2007年，郫都区启动统筹城乡综合配套改革，到2017年，在农村产权制度改革、农村社会管理改革和农村基础设施建设等领域取得了阶段性成就，常住人口城镇化率达到70.82%，户籍人口城镇化率达到51.98%，农村居民人均可支配收入达到了24060元，城乡居民收入比值缩小到1.67，已经迈入城镇化后期阶段。

2018年2月12日，习近平总书记考察郫都区战旗村，提出"继续把乡村振兴这件事做好，走在前列，起好示范"的要求，进一步激发了郫都区的内生发展活力和内生发展动力，进入全面推进乡村振兴的新阶段。依托大都市近郊区位优势，郫都区坚持以人民为中心，实施了党建引领、改革驱动、产业支撑、文化赋能、开放推动的"五轮驱动"，大力推动城乡要素融合、城乡产业融合、城乡"三生"融合、城乡服务融合、城乡身份融合和城乡生活融合"六大融合"，构建了多层次、多领域的发展共同体和农民持续增收长效机制，形成了城乡居民资源共享、机遇共享和成果共享的城乡发展共同体和乡村发展共同体，全面激发了乡村内生发展活力、增强了内生发展动力、提高了内生发展能力。郫都区乡村振兴模式为全国城郊型乡村形成工农互促、城乡互补、协调发展、共同繁荣的城乡融合发展新格局，走融合共享的内生型乡村振兴之路提供了实践经验和有益借鉴。

一 郫都区推进乡村振兴的演变历程

郫都区融合共享的内生型乡村振兴模式的形成，经历了较长的探索阶段、全面推进阶段，再到持续深化阶段的演变历程。

（一）探索阶段（2007—2017年）

2007年，成都市获批设立全国统筹城乡综合配套改革试验区，郫县（郫都区）县委县政府落实成都市的部署，大力推进"两项改革"和"三项建设"。通过深入开展农村产权制度改革、农村社会管理改革，推动土地要素入市和农民参与社区治理，为乡村发展注入了内生动力；通过全面完善基础设施网络建设、公共服务配套建设以及农村基层组织建设，为乡村发展提供了基本公共物品和制度保障。

2007—2017年，全县地区生产总值从122.88亿元增长至525.00亿元，按可比价格计算的年均增速达到12.55%；农村居民人均可支配收入翻了两番，从5996元增长至24060元；城乡居民收入比值从2.23下降至1.67，城乡低保、农村五保、特大疾病医疗覆盖率均达至100%，乡村发展成效显著。

（二）全面推进阶段（2018—2019年）

2018年年初，习近平总书记考察郫都区战旗村，为郫都区全面推进乡村振兴发出了最强动员令。郫都区抢抓机遇，迅速布局，出台了《关于深入贯彻落实习近平总书记来川视察重要讲话精神 加快建设全国乡村振兴示范区的决定》，开启了全方位、全系统、全领域、全区域推进乡村振兴的实践新探索，协同推进乡村产业振兴、人才振兴、文化振兴、生态振兴、组织振兴；以郫都区《乡村振兴特色产业（10+3）发展纲要（2019—2023年）》为指引，以农业供给侧结构性改革为主线，构建现代农业产业体系、生产体系、经营体系，促进乡村产业振兴；以郫都区《农村人居环境整治三年行动实施方案》为行动指南，全面提升农村人居环境，实现宜居宜业；以党建为引领，构建共参共建共享共治新机制；持续深化农业农村要素市场化改革,盘活土地稀缺要素,增加农民财产性收入。

经过两年的加速发展,郫都区基本形成了以地方特优农产品品牌为牵引的一、二、三产业绿色化、多模式融合发展,生产生活生态"三生共融"的宜居化美丽乡村建设,优秀传统文化与社会主义核心价值观耦合发展的乡风文明新风尚,党建领航促德治、村规民约强自治、依法依规守法治的乡村善治。农民可支配收入稳步提升,2019 年城乡居民收入比值进一步缩小到 1.65 的历史新低,远远低于全国的 2.64,也低于成都的 1.88,为未来实现乡村全面振兴奠定了坚实的基础。

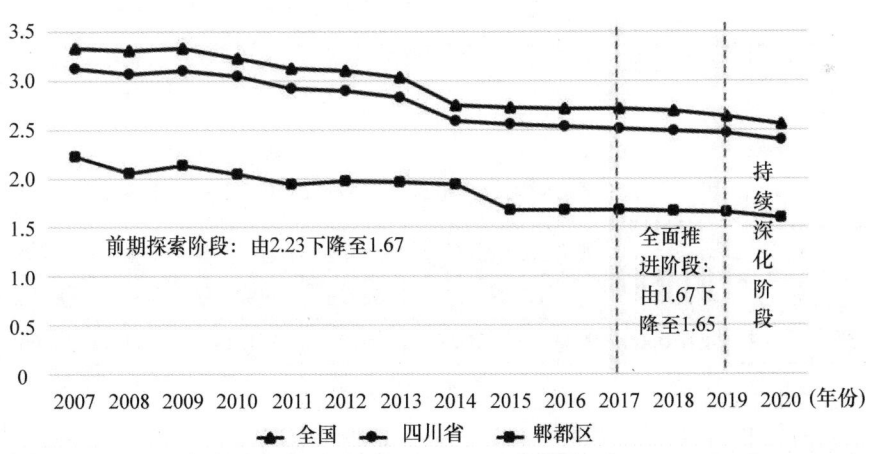

图 1　2007—2020 年郫都区与四川省及全国城乡居民收入比值

(三)持续深化阶段(2020 年至今)

2019 年年末,郫都区被列入"国家城乡融合发展试验区"四川成都西部片区名单。以此为契机，2020年郫都区全面启动"国家城乡融合发展试验区示范走廊"建设，以集成推动城乡产业协同发展、加速生态产品多元价值实现、构建产业链生态圈等为重点，进一步深化要素市场化和体制机制改革，破除壁垒、补齐短板，实现城乡要素高效配置，诠释公园城市乡村表达，打造改革创新"集成展示窗口"，率先建立国家城乡融合发展试验区"示范标杆"，为全国探索了可复制、可推广的典型经验。目前，郫都区已经走上了融合共享的内生型乡村振兴之路。2020年，郫都区城乡居民收入比值缩小到1.60，远远低于全国的2.56，也低于成都的1.84；农村居民人均可支配收入30897元，接近广州市的平均水平。

表1　2020年郫都区与全国及其他地区农村居民收入水平对比

		郫都区	成都市	四川省	全国	上海市	广州市
人均可支配收入（元）	城镇居民	49741	48593	38253	43834	76437	68304
	农村居民	30897	26432	15929	17131	34911	31266
城乡收入比值		1.60	1.84	2.40	2.56	2.19	2.18
人均GDP（美元）		15831	11773	8409	10451	23099	23683

二　郫都区推进乡村振兴的主要做法

郫都区围绕落实习近平总书记的重要指示，按照中央、四川省及成都市的要求，采取了一系列政策措施全面推进乡村振兴，其做法归纳起来为"5＋1"，即"乡村五大振兴＋农村体制改革"。

在产业振兴方面，以做强做优本土优势特色品牌为主线，推进绿色富民多样化的一、二、三产业深度融合产业模式，构建现代农村产业体系；在生态振兴方面，坚持生态友好导向的开发模式，将生态优势转化为发展优势，推动生产、生活、生态三大系统耦合发展；在人才振兴方面，全面实施"引、育、用、留、管"的人才战略，破除人才城乡流动的制度壁垒，形成有效聚合稀缺智才、保障实用人才供给的人才机制；在文化振兴方面，强化文化塑魂、文化赋能，形成核心价值观认同，实现文化筑底产业；在组织振兴方面，以党建引领带动农民参与，构建共建共治共享机制，促进乡村振兴的善治善为。在推进"五大振兴"中，郫都区以要素市场化改革为抓手，以全面深化农村体制改革，激活乡村本土要素，吸引城市优质要素下乡，为乡村振兴提供源头活水和持久动力。

（一）全面推进乡村产业振兴

郫都区产业融合发展坚持"基在农业、惠在农村、利在农民"原则，以绿色富民为导向，按照"政府主导、市场主体、商业化逻辑"和社会投资为主的发展思路，依托乡村特色产业、村庄主导产业，将资本、技术以及资源要素进行跨界集约化配置，促进乡村资源融合、功能融合，以片区开发为导向，通过共建产业功能区（园区）、共育产业品牌、共享产业成果，推动乡村产业横向融合、纵向融合，协同发展。

1. "1+2"产业融合模式

用现代科学技术改造、提升传统农业，推动农村产业高端化、智能化、绿色化。与科研院所合作，培育出具有川西平原特色的黄色金针菇等优质菌种，建成西南地区最大、全国唯一的黄色金针菇生产示范基地；引进行业龙头企业，开展韭黄酒、韭黄粉、韭菜酱、萝卜干等衍生产品研发，构建农业全产业链。采用先进的工业设备、技术，实现生产标准化、智能化、高效化。

2. "2+3"产业融合模式

打破镇村行政区划，重塑农村经济地理，统筹推进唐元韭菜（黄）产业、德源大蒜产业等示范园区建设，打造集工业旅游、农耕文化体验、餐饮休闲于一体的现代农村产业业态场景。特别是以中国川菜产业功能区为载体，聚焦川菜及调味品研发、生产，融入文创、田园风光游等多重元素，推动二三产业的深度融合发展。

3. "1+3"产业融合模式

坚持绿色高端发展方向，推动"农业+体验""农业+文创""农业+旅游"等多种业态交叉融合发展。以农业文化遗产为主线、"林盘+"为特色，有效整合低效农用地、闲置宅基地、荒滩地和水面，植入乡村书院、村民大戏台，建成集成农事体验、游学研学、艺术创作、民宿等功能为主的体验式文旅综合体和"川西民宿酒店+"体验新场景。依托韭菜田园景观、川西林盘院落、新农村建设示范点等资源，大力发展以农业观光、特色餐饮为主的乡村旅游。着力打造农民幸福家园、游客度假乐园、第五季·妈妈农庄AAA级景区、"泥巴小院"等集酒店、文创、娱乐、购物为一体的川西文化旅游综合体，塑造了"田成方、树成簇、水成网"的乡村田园画卷。2019年，郫都区乡村休闲旅游收入超过50亿元，成为带动乡村产业发展的重要力量。

4. "1＋2＋3"产业融合模式

全面推进大数据、互联网等现代技术应用于农业生产、经营、管理和服务，加快发展智慧农业、智慧加工、智慧旅游。2018年以来，郫都区对60余家食品加工企业实施智能化数字化改造，推动"农业＋互联网"深度融合。充分利用互联网龙头企业线上优势，以天府水源地公用品牌和农业文化遗产品牌为"主轴"，郫县豆瓣、蜀绣、唐元韭黄、新民场生菜、云桥圆根萝卜等多元知名品牌为支撑，推进"买全川、卖全球"，提升品牌价值。

各类产业融合模式强调以农民分享产业链增值效益为落脚点，构建"农户＋"农业新型经营主体的紧密利益联结机制，切实实现了将全产业链留在乡村，产业链增值效益留给农民。

（二）全力推进乡村生态振兴

郫都区坚持"绿水青山就是金山银山"理念，努力践行习近平生态文明思想，依托生态本色优势，尊重自然、顺应自然、保护自然，筑牢生态安全屏障，坚持生态环境友好导向的开发模式，将生态优势转化为发展优势，推动生产、生活、生态和谐发展。实施"治水""护林""整田""美路"等工程，重点打造"林盘＋"示范项目，开发利用水系生态资源，实现了生态农产品市场价值增效，塑造了人与自然和谐共生的川西特色乡村形态，探索出了一条独具特色又可持续的生态振兴之路。

1. 创新推进生态价值分红

郫都区坚决落实习近平总书记"把生态价值考虑进去"的重要指示精神，遵循"增绿惠民、营城聚人、筑景成势、引商兴业"的转化思路，整体保护水林田自然生态基底。对林盘、土地、林地、湿地等自然资源进行确权颁证，将村级垃圾处理站、公共厕所等纳入村集体资产管理范畴，赋予自然资产"资本权能"。通过加强政策引导和规划约束，创新以产出为导向的要素供给方式和融资模式，构建了财政资金引导投资机构和社会资本系统联动机制，积极引入社会资本，鼓励国有公司、集体经济组织等按市场化原则积极开展合作。项目通过租用方式流转宅基地、林地和农用地以及闲置房屋，明确"项目基本租金＋每月

3%的营业额"的分红模式，实现了以村集体为单位的生态环境入股收益。打通并拓宽了生态价值向经济价值转化的通道，推动了土地溢价、资产增值，形成"保护—开发—收益"与"价值增值—投资再保护"的良性循环。真正将生态资源转化为生态资本，生态优势转化为竞争优势和发展优势。

2. 有效实施"三水共治"

郫都区坚持把整治农村人居环境作为推进乡村生态振兴的重要抓手，创新餐厨废水、洗涤废水、厕所污水"三水合一、一统三分"的"三水共治"模式，切实承担起水源保护地政治责任。这种模式推动了农户居家生活污水全部实现油污、粪渣、废水、污水分离和统一收集，破解了农村生活污水源头管控难的问题。

在污水分散处置环节，根据院落区位条件、村民户数、污水排量等差异，统一处理标准，因地制宜分类实施。在资金筹措方面，构建"政府主导、群众主体、集体参与、社会投资"投入体系，区级财政投入专项资金，用于农村生活污水治理等设施配套补贴，推动改厕、"三水共治"前端、一体化设施后端改造。在建设机制方面，村庄层面探索出"乡贤出智出策、大户出钱出材、人才出技出艺、农户出工出力"的群众投入机制，同时借助全国农村集体产权制度改革试点等成果，将污水处理设施纳入村集体资产管理，以"增人不增股、减人不减股"方式量化确权到人。在后期管理与维护方面，坚持政府"软要求"与村规"硬约束"相结合，引导社会专业力量参与，建立长效管理机制，推动共建共管共享。

3. 前瞻布局"三生共融"实践

郫都区持续改善生态环境，提高绿色发展层次，推动形成了绿色发展方式和生活方式，将自然生态系统、农业生产系统和农村生活系统紧密结合在一起，致力打造"三生共融"的美丽宜居公园城市。

自然生态系统保护方面，遵循公园城市建设理念，把保护和利用林盘作为战略考量，分类推进林盘保护利用工作，构筑起"山水林田湖产城"生命共同体，打造了"宜居、宜业、宜游"的林盘聚落和旅游目的地。农业生产系统转型方面，积极打响"天府水源地"农产品品牌，加快饮用水源保护区生态建设，着重发展绿色有机农产品，推动传统产业向绿色农业转化，建立市场化、多元化水源保护区稻田生态补偿机制，打造生态有机农业和饮用水源保护区生态农业示范带，推动传统农业向绿色生态有机方向发展。农村生活环境系统方面，紧扣农民美好生活需要，大力实施农村人居环境整治。创新"四领四创"模式,① 构建"一套机制、三项措施、三类标准、四个转化"的"1334"工作法,打造出一批人居环境示范村。

(三)全力推进乡村人才振兴

人才是乡村振兴的关键,也是实施乡村振兴战略亟待破解的最大难题。郫都区从人才流动规律出发,以人才返乡下乡为主攻方向,坚持"引、育、用、留、管"的统筹谋划、一体布局,破除人才城乡流动的制度壁垒,营造干事创业的良好环境,激发各类人才参与乡村振兴的内生动力。

1. 打通人才下乡通道

为促进城市人才有序下乡进村,郫都区建立了多种人才下乡返乡通道,满足不同类型人才的需求。探索"新村民"引入机制。瞄准村庄发展的紧缺人才,赋予16位非集体经济组织成员(新村民)宅基地资格权、使用权、集体分配权、落户权等,吸引有情怀、有实力、有项目、有资本的优秀人才成为"新村民"。

---

① "四领四创"模式:"坚持政府统领,创新激励推进机制;坚持示范带领,创新全民参与机制;坚持文化传领,创新乡风涵养机制;坚持改革引领,创新价值转化机制"的工作方法。

探索"新农人"导入机制。吸引城市居民到乡村创业创新，成为"新农人"，累计招引"新农人"140多人。探索"新乡贤"选塑机制。通过村民推荐、镇街审核、公示认定，甄选400多名"新乡贤"。创新实施"大师驻村"机制，柔性引入37名高端人才结对服务31个村；推行"一村一院校"，采取"院（校）+企业+村（社）"股份合作模式，引导高校专家学者进村入户，建设农业"智库""大脑"，构建"专家智囊+实操高手+新型职业农民"人才体系。

2. 创新培训培养机制

建立四川战旗乡村振兴培训学院，整合全国师资资源，培训培养从事乡村振兴工作一线的基层干部、村干部和新型职业农民、乡村工匠、致富带头人及各类农村实用人才等。截至2020年10月底已累计开办各类培训活动390余期，培训4.3万人次。出台郫都区《新型职业农民认定管理办法（试行）》，创新"选、培、评、用、退、支、服、保"多位一体的新型职业农民队伍建设标准，认定农业职业经理人621名、职业农民培训4101名。以新时代乡村振兴讲习所、农民夜校等平台开展农民喜闻乐见的培训活动，培育布鞋匠人、竹编艺人、蜀绣达人等乡村"土专家""田秀才""农能人"。

3. 培育壮大基层干部队伍

基层干部队伍是乡村振兴工作的骨干。郫都区从培育壮大基层干部队伍入手，增强乡村振兴工作的执行力、组织力。通过"选、育、炼、用、管"五步工作法，建立355人的村级后备干部人才库，改善村干部的年龄、学历、专业、能力结构。面向大学生、退役军人，定向招募公共服务、乡村治理等紧缺人才，优先选聘为社区工作者，择优纳入村（社区）后备干部队伍。已充实优秀退役军人、返乡大学生2000余人到村社区干部队伍。选派优秀青年干部、乡村干部进村任职，配强村"两委"班子。探索村（社区）干部"让与下"机制，确保有志、有能之人进得来，健全人才管理制度。

4. 健全人才服务体系

搭建创业创新平台。推进全域"双创"，建设全国双创示范基地，为人才创造干事创业的舞台，让入乡返乡人才留得下、干得好、有成就，荣获全国农村创业创新典型县（区）。建设全国首个大学生创业示范园，成立青年致富带头人发展促进会，引入专业导师团队开展全周期创业辅导服务，吸引1000余名大学生返乡就业创业；建立全省首个退役军人就业创业孵化基地，建立郫都区在外务工人员定期座谈、跟踪对接"送信息、送服务"等常态联系机制，搭建电商孵化等创新创业平台，服务返乡退役军人、返乡农民工创业。

5. 发展教育培训产业

以教育产业化探索乡村振兴人才培训培养的长效机制。依托战旗村品牌作用，乡村振兴学院立足成都、辐射全省、面向全国，开展乡村人才培训业务，举办来自全国各地培训班170期，培训2.3万人次。以此为契机，发展乡村人才培训产业，组建乡村振兴培训产业联盟，整合乡村酒店、特色餐饮、产业功能区、知名村庄等的产业资源，构建培训产业生态圈，打造郫都区乡村产业发展新引擎。挖掘培训教育的新产业新业态孵化功能，依托知名高校智力资源和校友经济圈，开展农村电商、直播、短视频等领域教育培训，共建全国首个直播新经济产业园区，推动新经济、新技术赋能产业振兴。

（四）全面推进乡村文化振兴

郫都区人文历史积淀深厚，拥有"古蜀之都、天府之源"的美誉，区委政府坚持文化强区理念，充分发挥文化赋能的作用，将文化作为生产要素，融入乡村振兴战略，实施了文化促进党建、文化铸魂乡村、文化耦合田园、文化筑底产业四大战略。

1. 文化铸魂激发党建文化活力

郫都区将院落文化、农耕文化、礼节文化、孝德文化等传统文化与党建相结合，由街道分管精神文明建设领导、街道基层干部、村（社区）书记（主任）、德高望重的老党员、老干部、乡贤代表和各类先进典型代表组成道德评议委员会，积极培育好人文化、道德文化，持续开展"十百千"新乡贤、"十佳村（社区）党组织书记"等评选活动，通过多种形式传播好人事迹、弘扬道德精神，引导乡贤等典型人物以其文化道德力量教化乡民、反哺故土、优化党建。与区内高校共同开展"高校+支部+农户"结对共建活动，组织大学生开展"1位大学生+1户农户"进村入户活动，以新知识、新理念引领村民开拓创新；积极打造区镇村三级新时代文明实践中心，推行"党性教育+"教学模式，结合农民夜校等将党性教育常态化，不断增进群众对社会主义核心价值观的认同，紧密团结群众，筑牢党在农村的执政基础。

2. 农耕文明丰富乡村文化内涵

郫都区大力构建郫都底蕴、郫都特色的文化体系，弘扬耕读文化，通过举办"扬雄文化国际研讨会"

"望丛文化论坛"等文化学术盛宴，升华"创新、开放、智慧、勤奋"郫都精神内涵。实施乡村民风廊、文化廊、文化院坝打造工程，自发组建文工团、老年歌舞队、腰鼓队，常态化开展"传承巴蜀文明 发展天府文化"百姓大舞台巡演活动。弘扬传承本地四季传统民俗活动，挖掘培育"二十四节气"等农耕文化资源，在中小学生中广泛开展"农历下的天空"等活动，形成文化底蕴深厚、群众参与广泛、社会影响力大的活动品牌，推广战旗村"村（社区）+社会组织+专业社工+志愿者"四社联动模式，让国学教育进课堂、进村（社区）。深化"传家风、立家规、树新风"活动，积极评选推举道德、文化明星，开展以"传承优良家风·推动乡村振兴"等为主题的讲演活动，让耕读传家、父慈子孝的良好乡风、家风、民风得到传承弘扬。开展移风易俗活动，用蕴含优秀民俗、体现时代风尚的婚丧嫁娶新文化取代旧陋习旧风俗。

3. 文化田园提升生态体验

郫都区坚持以天府文化为内核，立足"西控"战略布局，结合乡村振兴，深入挖掘"风水林田院路"资源禀赋，推进"川西民俗文化村"建设，加强对传统村落、川西林盘以及农耕文化保护，保持农村特色风貌，彰显农家情趣，营造田园景观。采用乡土的木竹、稻草、芦苇、麦秆等在地材料，用好碎石、瓦片、旧农具等老物件，营造景观墙、景观路等乡土文化氛围。运用原生态材料、彩色水稻、彩色蔬菜，点缀或布置体现川西农耕文化特色的景观建筑物。农家房前屋后菜园保留"小块、自由、自然"的小田肌理，形成典型精耕细作的传统农田基底景观。规模连片区域采用斑块、条带、图案等农作物种植方式提升田块的观赏价值，创意图案与古蜀文化、农耕文化、川菜文化、水文化等本地文化紧密结合。积极推进"郫都精华灌区轮作系统与川西林盘景观"全球重要农业文化遗产建设；保护和传承非物质文化遗产，加大对农村古镇、古村落、古民居、古遗址、古遗迹、文化祠堂等的保护，展现历史痕迹与书香古韵，留住乡愁记忆。

4. 文化筑底提升产业文化内涵

郫都区结合镇、村（社区）产业定位，开发有基础、有特色、有潜力的文创产品，广泛开展"一镇一节""一村一品"乡村品牌文化建设，制定郫都中国重要农业文化遗产品牌推广策略，并衍生出包含"农遗"、旅游、文创、科普等元素在内的区域公共品牌，实现农业文化遗产和整体品牌的对外展示。大力推进四川郫都林盘农耕文化系统研究中心建设，牢固树立"文化+"战略思维，将文化与旅游、农业、科技、生态、金融等相融合，推进"文化+"多元融合发展模式。保护、传承、创新农耕文化为代表的地域文化，融合都市现代、田园风光、乡风民俗、历史人文等元素，营造绿色主流、业态丰满、形态协调、功能复合的天府乡村文化体验场景，构建全域文创业态和文化生态，因地制宜分类推动"特色镇+林盘+农业园区/景区/产业园"融合发展，以生态价值带动功能拓展，实现生态农业与第二、第三产业的融合，推动遗产地经济社会的可持续发展。加强蜀绣、竹编、戏剧等民间文化遗产，庙会、灯会等民俗文化活动的保护和传承，让优秀民间文化活起来、传下去、产业化，增强职业农民的身份自信和文化自信。

（五）全力推进乡村组织振兴

健全完善的基层组织体系能够充分带动全员参与乡村振兴的积极性，是保证乡村振兴模式可持续的重要支撑，也是推进乡村治理现代化、提升乡村发展能力的客观需要。郫都区以党建引领、组织创新为抓手，培育乡村各领域的有为组织，提高组织管理运营能力，形成有效治理，促进了乡村振兴的善治善为，为推进乡村生态振兴、产业振兴、文化振兴、人才振兴提供了有效载体。

1. 党建引领社区组织优化提升

郫都区积极落实基层党建责任体系，持续加强基层组织、队伍、阵地、制度、活动和保障建设，构建区级整体规划、联动推进，镇街统筹实施、分类推进，村级示范建设、专班推进的工作体系和运行机制。创新"三问三亮"①"三问三敢"机制，落实密切联系服务群众"三固化四包干"②机制，深入推进党支部"达标晋级"规范化建设。积极推进党建引领示范社区建设，以点带面、点面结合，指导街道、村社推行"五线工作法"③，推动社区治理的发展与实践创新。

在村（社区）体制机制改革中，郫都区顺应经济社会结构的深刻变化，通过开展"打平伙·九大碗"④

---

① "三问三亮"：入党为了什么？作为党员做了什么？作为合格党员示范带动了什么？亮身份、亮承诺、亮实绩。

② "三固化四包干"：固化人员、固化时间、固化地点；宣讲政策包干、督导工作包干、解决问题包干、办好实事包干。

③ 指"凝聚党员线、健全自治线、发动志愿线、壮大社团线、延伸服务线"。

④ 本意指一种传统民间交际风俗，以"每人贡献一道菜，有的出油米，有的出酒菜，有的出碗筷桌椅，共办一桌席，同饮一堂酒"的形式进行联欢聚餐。此处九大碗指村"两委""4道菜"加村民"5道菜"，村"两委""4道菜"分别是指：建好污水管网及化粪池（湿地），做好改路、改墙、改门头等外围风貌提升，做好公共文化、景民培训和游客导入，办好引领产业；村民"5道菜"分别是指：拆除违建和私拉乱接，改厕、改厨并接入污水处理设施，搞好院内装修改造，做好家庭卫生养成良好习惯，用心经营家庭产业。

工作做法，创造性地构建政府引导、村委主导、群众主体、乡贤带动、多元参与、各方出力的共建机制；通过搭建"社区+群团+社会组织+社会企业+N"乡村互助善治体系，规范"社区合伙人"参与社区发展治理机制，把爱心企事业单位、爱心商家、社会组织、爱心个人等紧密团结在一起；通过建立亲密的"伙伴关系"，实现社区公共空间可持续运营，激发社区公益活力。郫都区通过把党的领导落实到基层社会治理中，不断完善乡村治理的制度框架和政策体系，实现治理形态再造，为推动社区治理创新、助力乡村组织振兴提供了有益经验。

2. 探索推进共建共治机制创新

郫都区在探索和完善乡村治理体制机制过程中，形成了以群众参与、共创公共空间为导向的基层社会治理模式，村民的权利观念和民主意识发生深刻变化，参与方式不断得到完善，使政府从作为基层社会治理的单一主体转变为主导力量和兜底保障角色，初步构建起共建共治共享的基层社会治理新格局。

郫都区通过完善基层社区组织架构，推动社区、社会组织、社会工作"三社联动"发展机制，打造精细化网格化管理体系，健全基层公共服务体系，形成汇聚多元主体联动协同治理的新格局，构建起权责明晰的基层治理体系，为创新基层治理和公共服务供给提供了坚实的组织基础和社会基础；通过运用协同思维，探索协同共治路径，完善乡村治理体制机制；通过推进自治、法治、德治相结合的城乡基层治理体系建设，将城乡社会治理重心下移，建立民主协商对话机制，应对群众诉求，解决和化解基层社会治理难题，不断推动城乡基层治理实践创新。在实现乡村治理现代化的实践探索中，"村长茶馆""百姓纠纷大家评""大手拉小手、共护水源地""农夫生活信用社"等组织平台和工作机制，在完善基层群众参与治理方式、创新村民议事协商形式和现代乡村治理手段上，起到了突出的示范作用。

（六）全面深化农村体制改革

推动乡村振兴，离不开人才、资金、土地、创新等要素的持续注入和激活。郫都区在动员要素下乡的同时，深化要素市场化改革，破除要素城乡流动的制度壁垒，营造创业创新的良好环境，激发乡村振兴的内生动力。土地是农业农村发展的核心要素，是盘活乡村资源、激发乡村活力的关键。郫都区紧抓国家土地制度改革试点契机，率先启动农村承包地确权登记颁证、集体经营性建设用地入市、农村土地征收制度改革以及宅基地制度改革等试点工作，以土地制度改革引领和深化农业农村改革，推动城乡融合发展，促进乡村振兴与优质要素的有机衔接。

1. 畅通集体经营性建设用地入市渠道

一是创新"三定"工作机制。郫都区以"定基数、定图斑、定规模"工作机制盘点全域入市土地资源，编制全区农村集体建设用地土地利用专项规划和村庄发展规划，推动农村集体建设用地资源高效整合。二是组建新型农村集体经济组织。成立农村集体资产管理公司，由其作为土地入市的实施主体，负责集体经营性建设用地的入市和资产运营，构建了"产权主体＋实施主体＋委托代理"相结合的土地入市运营机制。三是探索"就地入市"和"调整入市"两种路径。对于符合入市法定要求、具备开发建设所需基础设施等基本条件的地块，可以就地在本村组直接入市交易并开发使用；对于村组内部零星、分散的农村集体经营性建设用地，政府主管部门组织涉及的镇政府（街道办）、村、组编制土地整治实施方案，经批准后实施土地整治复垦，并按规划调整到产业项目入市开发使用。四是完善多方共赢的土地增值收益分配机制。郫都区根据基准地价、规划用途以及入市方式的不同，计提土地增值收益调节金，并将入市收益的大部分作为集体经济组织的公积金、公益金，剩余部分用于集体经济组织成员分红，并创新了货币、股份、实物和服务等多元化土地入市收益分配形式。

2. 探索宅基地"三权分置"实现路径

一是推动宅基地确权颁证，做实产权主体。在严格新增宅基地审批程序的前提下，依托各类数据信息整合成果，加快推进农村宅基地确权颁证。二是动态调整宅基地使用权。将宅基地资格权与宅基地使用权分设，当农民需要居住在村庄时，村集体给其分配宅基地使用权；当农民进城居住时保留宅基地资格权，将宅基地使用权交给村集体统筹使用。对农民进行集中安置后将节余建设用地进行入市交易。三是激活闲置宅基地潜能。提倡农民集中居住，允许宅基地有偿退出和有偿使用。引导农村集体经济组织，采取自主使用与合作开发相结合的宅基地开发利用模式，重点用于发展休闲农业和乡村旅游。在宅基地制度改革试验措施中，郫都区还创新"共享田园"模式，尝试赋予"新村民"宅基地使用权，极大地调动了城市优秀人才下乡的积极性。

3. 完善要素市场化配置环境

人才作用发挥，土地要素激活，都需要资金和创新要素的支撑。郫都区通过配套推进农村金融综合服务改革、科技创新体制改革，解决人才创新创业和土地要素使用的资金、技术难题。实施宅基地使用权、农房财产权、花卉苗木资产等抵押融资，建立以项目合作为纽带、利益联结为核心的校地企协作机制，构建政产学研用融合创新体系，搭建产业创新研发平台，衔接区域内外科研资源，联合开展重点技术攻关、先进成果转化、普及标准化规范化技术体系，畅通科技创新要素植入乡村振兴的渠道。

为有效发挥市场配置资源的决定作用，处理好有为政府和有效市场的关系，郫都区在区级层面成立乡村振兴公司，在村级层面成立集体资产管理公司，聘请专业团队市场化运营，统筹整合农村资源要素；按照片区化综合开发理念，成立乡村振兴博览园等专门机构，形成"园区＋村集体＋市场主体"的项目推进、协调机制。同时，出台专门制度，规范各类市场主体参与乡村振兴建设。通过这些改革举措，有效激活农村资源资产，实现资源变资产、资金变股金、农民变股东。

改革激发了乡村本土要素的活力和潜力，吸引城市优质要素下乡，实现了人才、资金、土地、创新等要素的相互支撑、循环共生，为乡村振兴提供了源头活水，并转化为乡村振兴的持久动力。

三 郫都区乡村振兴模式的内涵与特点

（一）郫都区乡村振兴模式的内涵

郫都区依托大都市近郊区位优势，坚持以人民为中心，落实农业农村优先发展，构建了以"五轮驱动""六大融合""两个共同体""三大动力"为内涵的郫都区融合共享的内生型乡村振兴模式。具体而言，即实施党建引领、改革驱动、产业支撑、文化赋能、开放推动"五轮驱动"，大力推动城乡要素融合、城乡产业融合、城乡"三生"融合、城乡服务融合、城乡身份融合和城乡生活融合"六大融合"，形成资源共享、机遇共享、成果共享的多层次、多领域的城乡发展共同体和乡村发展共同体，全面激发乡村内生发展活力、增强内生发展动力、提高内生发展能力，加快形成工农互促、城乡互补、协调发展、共同繁荣的新型工农城乡关系，逐步走上融合共享的内生型乡村振兴之路。

（二）郫都区乡村振兴模式主要特点

郫都区融合共享的内生型乡村振兴模式的主要特点可以归纳为咬住一个目标、构建两个支点、推进三个转化、实现四个衔接、实施五轮驱动、打造六大支柱、加速融合共享。

1. 咬住一个目标

农业农村现代化是实施乡村振兴战略的总目标。郫都区坚持优先发展农业农村不动摇，在《关于深入贯彻落实习近平总书记来川视察重要讲话精神 加快建设全国乡村振兴示范区的决定》中，明确全力创建全国乡村振兴示范区的奋斗目标，提出了加快建设乡村振兴博览园、大力推进农商文旅体融合发展、壮大集体经济促进农民共同富裕、涵养乡风文明提升精神风貌等推动农业农村现代化的具体举措。通过会议、专题培训、媒体等多个渠道，大力宣传、广泛发动，营造社会舆论氛围，使农业农村优先发展成为全区上下的行动自觉。

2. 构建两个支点

实施乡村振兴战略要充分发挥政府的主导作用。通过地方党委政府有效的顶层设计、规划引导、政策支持、资源整合、资金导入，将自上而下的引领转化为自下而上的创新创业行动，有力地加速了农业农村现代化和城乡融合发展、共同繁荣的进程。郫都区从自身区情出发，创新"五级书记"抓乡村振兴的组织体系，以区委区政府和村级组织作为两个着力点，带动乡镇一级组织，形成共同合力，全力推进乡村振兴。郫都区委区政府整合资金项目，协调各相关部门，集中全区资源，夯实村级组织建设，选优配强"领头羊"，壮大村级集体经济实力，构建"村委主导、群众主体、乡贤带动、多元参与、各方出力"的共建机制。初步形成了有为政府统筹全局、协调各方的发动引领作用，与基层民众多元参与、自我创造内生动力，良性互动、共促发展的新格局，为激发乡村振兴内生动力提供了支点。

3. 推进三个转化

产业兴旺是乡村振兴的根基。郫都区推进乡村产业振兴的过程中，以做强做优本土特色优质农产品品牌为导向，将产业振兴与生态振兴、文化振兴、人才振兴协调联动，生态建设、文化建设、人才培育转化为乡村产业振兴的新引擎，推动农村一、二、三产业融合发展。一是生态产业化。以水源地保护的"天府水源地"地理品牌为特色，以"公园城市"人居环境建设形成的再造大地景观为优势，发展休闲旅游、健康养生、高端农业等绿色产业，建立"绿水青山"向"金山银山"转化的机制。二是文化产业化。以"川西林盘"农业文化遗产保护为契机，提升古蜀文明、农耕文明的经济价值，发展蜀绣产业、文创产业等，以文化产业化促进文化资源保护和传承。三是教育产业化。依托乡村振兴学院形成的在乡村振兴人才培训培养方面的品牌优势和资源优势，发展教育培训产业，提升旅游餐饮关联产业，反向推动人才培育水平提升。"三个转化"已经成为郫都区乡村新产业、新业态涌现的助推器，也成为吸引优质要素下乡和激活乡村要素资源的催化剂，为乡村产业振兴进而全面振兴提供了内生动力。

4. 实现四个衔接

《中共中央关于制定国民经济和社会发展第十四个五年规划和二〇三五年远景目标的建议》明确到2035年要"基本实现新型工业化、信息化、城镇化、农业现代化，建成现代化经济体系"。郫都区将"四化"

同步发展融入乡村振兴实践。一是通过协同推进辖区内成都市级产业功能区（电子信息产业、现代工业港、川菜产业园、影视城）与乡村特色产业功能区（园）建设，优化城乡产业布局，实现乡村振兴与新型工业化的衔接。二是借助国家数字经济创新发展试验区的政策机遇，协同推进智慧城市和数字乡村建设，实现乡村振兴与信息化的衔接。三是借助国家城乡融合发展试验区的政策机遇，探索构建工农互促、城乡互补、协调发展、共同繁荣的新型工农城乡关系，打造城乡发展共同体，实现乡村振兴与新型城镇化的衔接。四是大力培育新型农业经营主体，提高农业生产的科技化、信息化、智能化水平，做绿、做精特色品牌农业，打造现代农业产业链、供应链、价值链，构建现代农业产业体系，实现乡村振兴与农业现代化的衔接。

5. 实施五轮驱动

郫都区通过"五轮驱动"，整体推进乡村产业振兴、人才振兴、文化振兴、生态振兴、组织振兴，形成了"五大振兴"循环互促关系。一是党建引领。以基层党组织建设为着力点，建强组织、配强队伍、增强能力，发挥基层党组织"火车头"作用，打造乡村振兴的"红色引擎"。二是改革驱动。发挥国家省市的农村综合改革试点优势，以系统性、整体性、协同性的改革方法，全面启动农村集体产权制度、农村土地制度和城乡融合发展改革，创新各方力量和稀缺要素投入乡村振兴的体制机制。三是产业支撑。通过产业联动、产业集聚、技术渗透、体制创新等方式，将资本、技术以及资源要素进行跨界集约化配置，以第一产业向后看，第三产业向前看，第二产业前后看兼顾左右看的融合理念，将农业生产、农产品加工和销售、餐饮、休闲以及其他服务业有机地整合在一起，推动产业横向融合、纵向融合，协同发展，以共建产业基地、共育产业品牌、共享产业成果理念，打造产业生态圈、创新生态链。四是文化赋能。发挥文化的催化要素、活化产业、美化环境的作用，深入挖掘蜀绣文化、农耕文明等传统文化的内涵价值，推进文化建设与产业发展、生态建设、乡村治理的融合。五是开放推动。深度参与"一带一路"、新时代西部大开发、成渝双城经济圈建设，主动"走出去"，加大与一流科研机构、行业领军企业的合作力度，引资引智引人，补上乡村振兴的要素缺口、能力短板。

6. 打造六大支柱

郫都区打造了具有当地特色的有为政府与有效市场有机结合的乡村振兴六大支柱。一是建立1个推进机构。在全国率先形成"领导小组＋功能区管委会＋

专委会＋乡村振兴国有公司"的统筹推进平台,统筹协调、整合资源,组织化、体系化、市场化推进乡村振兴。二是成立1个片区化导向的产业功能区。设立全国首个乡村振兴博览功能区,规划建设118平方公里的乡村振兴博览园,以片区开发理念,协调跨镇村的乡村振兴各项工作。三是搭建1个研究平台。与四川省农科院联合成立全国首个城乡融合发展研究院——四川天府城乡融合研究院,为推进城乡融合发展试验区建设提供智力支持。四是开办1个培训学院。建成全国首个乡村振兴培训基地——四川战旗乡村振兴培训学院,打造乡村振兴人才培育的摇篮。五是成立1个国有公司。组建全国首家区级乡村振兴公司——郫都区乡村振兴公司,作为发挥市场决定资源配置作用和更好发挥政府作用的纽带。六是建设1套产业培育体系。构建郫都区乡村振兴"10＋3"特色产业体系,做绿做精做强村庄特色产业,建设支持绿色高质量发展的产业生态圈。

7. 加速融合共享

党的十九届五中全会明确提出要"健全城乡融合发展机制,推动城乡要素平等交换、双向流动"。郫都区以建设国家城乡融合发展试验区为契机,探索构建城乡融合发展体制机制和政策体系,初步形成了城乡融合发展新格局。一是城乡要素融合。用改革创新促进城市资本、技术、智才优质要素与乡村土地、劳动力、文化、自然生态资源要素的相互匹配、有机衔接。二是城乡产业融合。以片区开发理念，以产业功能区为载体，以农商文旅体产业融合项目为抓手，以特色产业体系为依托，形成联通城乡的产业链、供应链、价值链。三是城乡"三生"融合。以建设城市后花园、乡村大公园为抓手，协同推进生态环境、生产环境、人居环境建设，推动生态系统、生产系统、生活系统的融合，实现城乡环境的有机衔接。四是城乡服务融合。升级改造村庄道路、交通、网络、人居环境等基础设施，大力推进城市公共服务体系向乡村延伸，实现教育、医疗、卫生、垃圾处理、污水处理等的城乡有效衔接。五是城乡身份融合。创建"新村民""新农人""新乡贤"制度，打通市民返乡回乡通道，探索市民与农民身份相容机制。六是城乡生活融合。以"共享田园""都市田园梦"营造公园城市后花园的乡村生活场景，推动城市居民到乡村消费，形成城乡居民生活形态的良性互动。郫都区通过打通城乡分割的市场体系、基础设施、社会事业等，构建起城乡融合的要素市场体系、基本公共服务体系、社会保障体系及社会治理体系，实现城乡居民在资源、机会和成果等方面的共享。

郫都区把上述推进乡村振兴的探索实践和模式特点提炼为创新实施"改、创、领、育、富、治、文、美""八字诀"。"改"即农村改革，"创"即创业创新，"领"即示范引领，"育"即培育人才，"富"即产业富强，"治"即乡村治理，"文"即文化传承，"美"即大美乡村。郫都区推进乡村振兴的"八字诀"，可以具体概括为，以率先实现农业农村现代化、打造全国乡村振兴示范区为奋斗目标，以建设成都公园城市的后花园为区域发展定位，以深化要素市场化改革为突破口，以党社共建构良治、绿色生态筑基础、产业融合促富民、弘扬文化聚人心、培引人才做支撑、激活组织赋动能，以有为政府的引领作用与基层民众的自我创造良性互动，全面点燃市场主体的创新创业激情，全域化、系统化、协同化打造乡村发展共同体、城乡发展共同体，推进形成工农互促、城乡互补、协调发展、共同繁荣的新型工农城乡关系，逐步走上融合共享的内生型乡村振兴之路。

四　郫都区全面推进乡村振兴的经验启示

郫都区探索的内生型乡村振兴模式，取得了显著成效，很多方面达到了"走在前列，起好示范"的要求，为四川省乃至全国都提供了实践经验。主要有以下几个方面的经验值得关注。

（一）凝聚思想共识，激发干事创业的激情斗志

思想认识是行动的先导。习近平总书记的高度认可、殷殷嘱托，振奋了人心、鼓舞了志气、激发了斗志，为郫都区实施乡村振兴战略发出了最强动员令，激发出郫都人奋勇争先的内生动力。以此为契机，郫都区统一全区干部群众的思想，提出打造全国乡村振兴示范区的奋斗目标，点燃全区人民推进乡村振兴的创新创业激情，把实施乡村振兴战略转化为全区上下

的共同意志和共同行动。2018年7月,郫都区出台了《关于深入贯彻落实习近平总书记来川视察重要讲话精神 加快建设全国乡村振兴示范区的决定》。郫都区委区政府多次召开会议,举办专题培训班,加强媒体宣传,反复向全体干部强调实施乡村振兴战略的紧迫性和重大意义,让广大干部理解、弄懂乡村振兴的要义,形成齐心协力推动乡村振兴的行动自觉。同时,郫都区还把实施乡村振兴战略形成的各种宝贵经验不断地融入全区党组织建设、乡村文化建设、基础治理创新工作中,转化为村规民约,实现制度化,奠定了顺利推进乡村振兴的思想基础。

(二)政府积极有为,建立高效顺畅的推进机制

郫都区政府在全面推进乡村振兴战略中,逐步摸索出了一套行之有效的推进机制。一是建立"五级书记"层层抓落实的机制。把乡村振兴工作摆在全区中心工作的位置,由各级"一把手"亲自负责,协调各个部门,调动各方力量,形成常委班子分工负责抓,一级抓一级,层层抓落实的工作格局。二是创设全面推进乡村振兴的联席会议制度。多部门齐抓共管,形成合力。如乡村特色产业振兴推进联席会议办公室设在区农业农村

局,由区农业农村局、区经信局、川菜办、区总工会成立专班机构,将区财政局、区发改局、区规划和自然资源局、区交通局、区能源办等纳入进来,为市场主体提供一站式的综合服务提供了制度保障。三是设立跨区域协调推进机构。打破行政界线的壁垒,根据产业发展的内在要求,按照产业功能区划分,建立跨乡镇、行政村的功能区管委会,如川菜产业园、乡村振兴博览园等都设立了管委会。四是整合各种财政涉农资金的投入,提高财政资金的使用效率。出台涉农资金项目管理办法,整合各级涉农资金"打捆"使用、精准投放,最大限度发挥财政资金推动乡村振兴的作用。五是构建政府引导的实体公司。郫都区在功能区管委会下设立政府投资公司,通过项目制和扁平化管理,发挥政府资金的引导性作用,高效率地推进全区乡村振兴重点项目的落实。

(三)市场灵活有效,营造创业创新的良好环境

郫都区政府坚持市场在资源配置中的决定性作用、更好地发挥政府作用的基本原则。政府主导全面推进乡村振兴、但不代替市场,占位不越位、服务不干预,重点做好维护良好竞争秩序,激发企业家精神,调动社会多方力量的积极性,形成了有为政府激发有效市

场的良性格局。一是坚持规划引领。针对乡村振兴的重要领域、重点工作，制定发展规划、工作计划或行动方案，明确工作推进的路线图，充分发挥市场主体的作用。二是增强服务功能。深入推进"放管服"改革，全面落实中央、四川省、成都市出台的支持各类市场主体尤其是民营企业发展的各项政策措施，在市场准入、成本税费、投融资等方面综合施策，解决好市场主体发展中的痛点、堵点、难点问题，做好产品质量监管、市场秩序维护、企业疏危解困和发展服务工作。三是搭建孵化平台。搭建集电子商务、技术转化、主体培育等功能的创业创新服务平台，完善创业创新服务体系，持续优化营商环境，帮助对接各种要素资源和政策支持，让各类市场主体安心经营、放心投资、专心创业。

（四）运用系统观念，凸显改革攻坚的组合成效

郫都区政府彻底改变过去改革中"头疼医头，脚痛治脚"的传统改革路径，以系统性、整体性、协同性的方法论为指导，全面深化改革，从找准痛点、难点为切入点，实施系统全面的综合改革，以系统性、整体性、协同性的措施破解难题。以解决乡村人才振

兴难题为例，除了加大培训培养力度挖掘本土人才外，围绕动员城市人才下乡、外流人才返乡，通过综合运用农村土地改革、集体产权制度改革和完善乡村治理等措施，从身份赋予、权利共享、全面融入等痛点上下手，打通人才下乡通道，形成了郫都区特色的"新村民"制度。"新村民"不仅可以享受优先获得流转土地的经营权或参与经营村集体资产的经济权利，还获得较长一段期限的宅基地使用权，同等享受村民的公共服务、参与村庄集体事务等社会权利，解决了"身份"上的认同难题和融入障碍，真正打通了人才下乡、返乡、留下来的通道。

（五）汲取群众智慧，迸发共建共治的振兴动力

郫都区政府坚持把群众实践作为推动改革发展的智慧和力量之源，坚定不移地把群众路线落到实处，坚持把问计民需、集中民智、汇集民智纳入决策过程，以有效的机制动员干部群众广泛参与、充分参与，形成干群联动、合力攻坚的生动局面，充分释放蕴藏于群众之中的智慧和力量。以乡村治理为例，一方面，郫都区不断健全村级事务民主协商共治平台，推动村民自治组织和其他社区组织、社会组织等多元主体参与基层社会治理

的制度化、规范化建设，完善公共事务议事、决策和监督制度；另一方面，探索"社区合伙人"制度，搭建"社区＋群团＋社会组织＋社会企业＋N"乡村互助善治体系，把爱心企事业单位、爱心商家、社会组织、爱心个人等紧密团结在一起，调动群众参与乡村治理的积极性、主动性、创造性，实现社区公共空间可持续运营。以这些机制创新为保障，畅通群众参与渠道，才有了把"打平伙·九大碗"传统习俗转化为乡村环境整治有效做法的典型范例。其成功的原因就在于，通过明确村"两委"与村民的分工，激发了村民参与环境整治的主动性和创造性，提升了人居环境整治工作成效，实现了院落整治和美好社区的共治共建共享。郫都区还把源自基层的实践创新、好做法、好经验，搬上乡村振兴学院的讲堂，进行凝练提升，充分发挥典型范例的示范引领作用。

（六）增进民生福祉，提高安居乐业的幸福指数

实施乡村振兴战略的根本宗旨是增进乡村居民的民生福祉，达到生活富裕、安居乐业的理想状态。郫都区推进乡村振兴的过程中，把维护好、实现好农民的根本利益放在第一位，千方百计提高农民在乡村振

兴中的幸福感、认同感、获得感。产业发展方面，注重建立将产业增值留在农村、留给农民的利益联结机制，探索集体经济组织和农民"负盈不负亏"机制，实现了农民收入可持续增长，城乡收入差距明显缩小。特别是通过规范工商企业行为、明确责任，有效保护农民利益和增收机会。诉求表达方面，通过"村长茶馆""百姓纠纷大家评"等平台和载体，彰显农民主体地位，完善协商民主和利益表达机制，提升了村民参与公共事务的意识和能力，也实现了村民在乡村振兴中的存在感、参与感，从而获得了认同感。

（七）坚持党建引领，打造乡村振兴的中流砥柱

郫都区政府有效发挥基层党组织和党员在推进乡村振兴中的骨干力量，以大力培养既懂经济又懂政治、既懂业务又懂党务、既懂专业又懂管理的村书记为重点，发挥村级党组织上接乡镇党委，下连普通民众，既负责上级党委下达事宜，又肩负普通民众殷切期望的人少事多、牌小任大的基础性作用。引导村级党组织发挥党员村民在带头落实党和政府政策方针方面的示范引领作用。郫都区政府摸索出了"摸、找、选、育、炼、用、管"七步工作法，建立起村级后备干部

人才库，开展党组织书记后备干部培养，确保后继有人；抓好基层党员干部业务培训，注重理想信念教育，让党员的带头示范作用可量化、可考评，具有可操作性，确保党员率先参与，率先示范。为进一步激发基层党组织和党员队伍的"战气"，培育大格局、大胸怀、大担当的党员干部，郫都区喊响"带头干跟我上"口号，深入开展"不忘初心、牢记使命"主题教育，建设"红色战旗"党建展览馆和乡村振兴博览馆，开展"重走红色线路"系列教育活动，组建党员志愿服务队，落实党员干部"六带头"，创新推行"三问三亮""三固化四包干"工作机制，建成以党组织为核心的农村基层组织，选好配强以党组织书记为主的乡村振兴带头人，建设了一支懂农业、爱农村、爱农民的党员干部队伍。

五 郫都区乡村振兴模式的推广价值与意义

短短几年，郫都区实现了历史发展的新跨越，逐步走上了融合共享的内生型乡村振兴之路，充分发挥了"走在前列，起好示范"的作用。郫都区"转变观念—顶层设计—深化改革—发展为先—共享为本"的"五步走"发展实践逻辑，为中心城市城郊型农村全面推进乡村振兴，提供了可借鉴、可复制的有益经验，在全国有重要的推广价值。

（一）转变观念形成共同意志

理念决定方向。发展理念是发展行动的先导。全面推进乡村振兴，首先要解决思想问题，转变观念，扭转地方政府长期以GDP为中心的理念，转向以维护市场竞争秩序、改善公共物品和公共服务供给为中心。不忘初心，不辱使命，将以"人民对美好生活的向往，就是我们的奋斗目标"这一"很宏伟、但也很朴素"的目标，转化为政府一切工作的出发点和落脚点。转变对各级党委政府职能部门的绩效考核评价机制，将是否有利于"生态含金、发展含绿"，是否有利于实现所在中心城市（"公园城市"）的发展战略，是否有利于促进本地区最广大农民群众的增收致富，作为考核各级政府部门和村级组织的核心指标，从而快速推进各级干部的思想转变。促进各级干部将优先发展农业农村作为第一要务，形成共同意志和共同行动。

（二）顶层设计构建行动机制

推进乡村振兴需要系统观念。通过出台政策、编制总体规划、制定实施性技术文件等顶层设计，统筹谋划布局，实现多规合一。弘扬中国共产党"抓两头（区政府和村级组织）、促中间（乡镇政府）"的优良工作方法，建设政府与民众的共同行动机制：通过机构改革，优化机构设置和职能设置，强化政府服务；成立国有投资发展公司，发挥引导作用和乘数效应；全面强化基层社会治理，党建领航，文化塑魂，形成以农民为主体的人居环境治理和良俗善治秩序建设，打造亲商亲民、硬软件有机结合的发展环境。

（三）深化改革激活要素市场

全面推进乡村振兴战略，有效聚合人才、资本、技术等优质要素是关键。中国改革开放40余年的经验表明，改革是解放生产力和发展生产力的永恒动力。通过推进集体经营性建设用地入市、盘活闲置宅基地改革，让土地所有者与社会资本有机结合，实现"有恒产者有恒心"；创设吸纳外部人才落户的"新村民"制度，为稀缺乡贤返乡创业打开一扇门；设立乡村振兴培训学院，批量化供应本地合格实用人才，全面提升村级带头人素质；创新市场化定价的科研成果化机制，吸引一批专业技术人才落地创新创业。通过以上措施最终形成虹吸效应，解决乡村振兴稀缺资源的有效供给问题。

（四）"三位一体"实现耦合发展

乡村振兴的目标是实现农业农村现代化，产业振兴是核心。将城郊资源禀赋的比较优势，转化为以第二、第三产业为导向、农村一、二、三产业深度融合的竞争优势，实现乡村产业经济价值、生态价值、文化价值"三位一体"的耦合发展，构建现代农村产业体系。创新"多元市场主体（公司、农民合作社、股份合作社）＋农户"的产业组织模式，完善利益联结机制，让农民分享全产业链的增值。

（五）共享为本推动共同富裕

全面推进乡村振兴，最终目标是实现最广大农民群体的利益增进和共同富裕取得实质性进展，而关键在于实现城乡融合。通过全域化、全方位地系统推进城乡要素融合、城乡产业融合、城乡"三生"融合、城乡服务融合、城乡身份融合和城乡生活融合"六大融合"。通过打通城乡分割的市场体系、基础设施、社会事业等，构建起城乡融合的要素市场体系、基本公共服务体系、社会保障体系及社会治理体系，实现城乡居民在资源、机会和成果等方面的共享。2020年，郫都区城乡居民收入比值缩小到1.60，初步走上融合共享的内生型乡村振兴之路。通过构建现代乡村产业体系，为乡村发展赋予了内生动力。2015—2019年农村居民工资性收入占比稳定在51%左右，经营性收入占比由24%上升到了26%。

表2 2015—2019年郫都区农村居民人均可支配收入结构变化　　（单位:%）

	工资性收入	经营性收入	财产性收入	转移性收入
2015年	51	24	12	13
2016年	53	23	12	12
2017年	52	24	13	11
2018年	52	25	12	11
2019年	51	26	12	11

六　未来展望和建议

"十四五"时期，我国将进入新发展阶段，向着全面建设社会主义现代化国家、向着第二个百年奋斗目标进军。郫都区应继续以全面推进乡村振兴、加速农业农村现代化为主题，以推动城乡要素融合、产业融合、"三生"融合、服务融合、身份融合和生活融合"六大融合"深入化为主线，以深化要素市场化改革为动力，以打造城乡产业协同发展、科技创新成果及生态产品价值有效转化、农民持续增收长效机制为重点，以构建城乡公共物品和公共服务一体化发展的体制机制为保障，弘扬"创新、开放、智慧、包容、勤奋"的郫都精神，更加解放思想，大胆实践，把握新发展阶段的新机遇和新挑战，全面贯彻新发展理念，围绕构建新发展格局的总要求，实现建成"全国乡村振兴示范区"的阶段性目标，推进城乡居民共同富裕取得更大的实质性进展。

（一）率先迈入全面推进乡村振兴深化阶段

郫都区乡村振兴已经取得了显著成效，初步构建起优先发展农业农村的制度框架、政策体系和工作落实机制，实现了"走到前列、起好示范"目标，初步形成了城乡要素融合、产业与生态及文化互促、社会和谐、城乡居民收入和生活品质同步显著提升的发展新局面。

在开启全面建设社会主义现代化国家新征程、向着第二个百年奋斗目标进军的新发展阶段，郫都区将以高质量发展为主题，迈入全面推进乡村振兴的深化阶段。一是发展质量的全面提升。通过继续以供给侧结构性改革为主线，向着实现共同富裕的农业农村现代化目标提升。二是发展层次的全面提升。实现以科技创新为统领、农产品全产业链发展的产业振兴，以全体农民科技文化素质显著提升为标志的人才振兴，以郫都精神深入人心为支撑的文化振兴，以资源环境与产业提升、生活提质耦合发展为标志的生态振兴，以"一核三体"、产业组织体系振兴的全覆盖。三是发展区域的全面提升。乡村振兴从少数村庄的点，到若干连片村庄、乡镇的面，再到辖区全域化的振兴。

（二）全面深化要素市场化改革

在现代经济中，要素市场不仅包括传统经济下的资本、劳动力、土地等，而且随着全球社会化分工的细化、产业革命的深入，知识、技术、管理、数据等逐步成为独立的生产要素并相应地形成了各自新的要素市场，土地要素也扩展为土地、自然资源、环境、生态等更大的要素市场概念。

按照《中共中央关于制定国民经济和社会发展第十四个五年规划和二〇三五年远景目标的建议》提出的"推动城乡要素平等交换、双向流动"要求，郫都区在传统要素市场方面走在了全国的前面，未来应在保持传统优势的同时，大力强化科技、信息化市场建设，提升农村要素市场改革的综合效应。

具体路径上，一方面以国家新一轮农村宅基地制度改革试点为契机，先行先试，探索宅基地所有权、资格权、使用权分置的实现形式，并与人才市场建设形成耦合联系，以宅基地使用权的创新，"以地引才"促进外来人才落地扎根，着力增加社会溢出效应强的企业家人才和治理型人才的市场供给。同时拓展土地要素市场交易种类的空间，丰富"三块地"改革的内涵与功能，健全城乡统一的建设用地市场，深化产业用地市场化配置改革，鼓励盘活存量建设用地，探索完善土地管理体制，充分发挥土地要素使用权、收益权对增加城乡居民财产性收入的支撑作用；另一方面创新要素市场流动的综合评价机制，构建以高质量发展为导向的投资评价指标体系，除了传统的经济指标（人均 GDP、人均税收等），更要突出创新指标（R&D 占比、专业人才引进）、社会指标（吸纳就业、促进农民增收、文化弘扬）、生态环境指标（单位能耗和单位排放）等的权重，以吸引高科技或特色文化、数字化、信息化导向的优质社会资源下乡创新创业，提升本地全产业链供应链水平，提升区域产业的市场竞争力。

（三）高标准建设农业现代化示范区

以本地农业公共品牌为依托，打造以销售标准、输出行业领军人才、占领农业科技创新制高点为核心的农业现代化示范区，为全国树立传统品牌实现产业高端化转型升级的标杆样板。打好绿色生态牌，全面创新产业生态圈建设，形成以地理标志品牌为主导、以农业文化遗产为亮点、打造全域化的农业田园景观公园，建设现代化的农村产业体系，实现农、商、文、旅、体的深度融合发展。深入推动产业数字化，把发展数字经济作为推动高质量发展的战略选择，加快构建数据统一共享的开放平台。

（四）创造性推进农民深度参与

农民深度参与主要包括两个方面：作为乡村治理所有者主体的政治参与和作为产权所有者的经济参与。后者直接关系到构建农民增收的长效机制和缩小城乡居民可支配收入差距。今后应进一步全面增强农户以土地经营权、宅基地使用权、集体资产股权乃至现金入股等多种方式，提升其在新型村集体经济组织、农民合作社和其他类型企业中的参与度，完善"行业协会＋龙头企业＋科研机构＋农民合作社（新型集体经济组织）＋农户"的现代产业组织体系建设，形成农户在重点、优势、特色产业体系建设中的股权参与，切实提高农民的财产性收入。同时依托战旗乡村振兴培训学院，强化提升全区农民科技文化素质，推动乡村人才的全面振兴。

（五）科学统筹发展与安全

当今世界正在经历百年未有之大变局，国际环境复杂多变，不确定性和不稳定性同时增强，从中华民族伟大复兴的战略全局出发，服务于新发展格局，政府继续坚持新发展理念的同时，应特别增强系统观念，强化底线思维，统筹好发展与安全的关系，加强数字政府建设，强化风险管理的科学性和系统性，不断完善有效化解重大风险和突发事件的应急机制，确保社会经济秩序的正常运转。

专题报告一

郫都区构建新型城乡工农关系的实践创新[*]

---

[*] 罗浩轩,博士,成都理工大学马克思主义学院副教授,中国社会科学院农村发展研究所访问学者,研究方向:中国特色农业现代化道路。赵朋飞,博士,西南交通大学公共管理学院讲师,中国社会科学院农村发展研究所访问学者,研究方向:区域经济与社会发展。

自习近平总书记亲临郫都区战旗村视察以来，郫都区坚定不移地落实总书记重要指示，认真贯彻省委市委部署要求，牢记嘱托、感恩奋进，明确建成全国乡村振兴示范区的总体目标，全力推进国家城乡融合发展试验区建设，把解决好"三农"问题作为全区工作的重中之重，坚持农业农村优先发展，全面推进以人为核心的乡村振兴，在城乡融合发展上进行了一系列体制机制创新，推动形成了工农互促、城乡互补、协调发展、共享繁荣的新型工农城乡关系，为推进四川省和全国其他地区城乡融合发展实践提供了重要借鉴。

一 郫都区城乡融合发展的基本情况

改革开放以来，我国城乡融合发展取得了历史性显著进展，但由于自然、经济、社会、文化等禀赋条件和历史原因，区域间发展不平衡，城乡融合呈现出明显的区域差异。

郫都区位于成都市第二圈层，属于区域性中心城市周边近郊区，受主城区辐射带动影响大，城市发展程度较高，城乡融合状况较好。在习近平总书记亲临视察前，2017年郫都区城镇化率已经达到70.82%，在成都第二圈层中处于中游水平，低于双流区（81.04%）、温江区（72.41%），高于龙泉驿区（68.78%）、新都区（68.21%）和青白江区（54.65%），但远高于全国（58.52%）和四川省（50.79%）的水平；城乡居民人均可支配收入比值为1.67，远低于全国（2.71）和四川省（2.51）的水平；城乡低保、农村五保、特大疾病医疗覆盖率均达100%。可以说，郫都区已经具备了迈向高水平城乡融合发展的条件。

表3　　　　2015—2020年城乡居民人均可支配收入比值

	全国	四川省	成都市	郫都区
2015年	2.73	2.56	1.89	1.68
2016年	2.72	2.53	1.93	1.68
2017年	2.71	2.51	1.92	1.67
2018年	2.69	2.49	1.90	1.66
2019年	2.64	2.46	1.88	1.65
2020年	2.56	2.40	1.84	1.61

资料来源：对应年份的《中国统计年鉴》《四川统计年鉴》《成都市郫都区国民经济和社会发展统计公报》。

郫都区在习近平总书记"走在前列，起好示范"的殷切嘱托下，围绕城乡融合发展进行了一系列的政策供给、制度创新和机制设计，进一步提高了城乡融合发展水平。2018年和2019年，郫都区农村居民人均可支配收入增长率分别高于城镇居民0.5个百分点和0.8个百分点，城乡居民人均可支配收入比值进一步下降到1.65，并于当年年底成功入选国家城乡融合发展试验区。

二 郫都区完善城乡融合体制机制的创新

相比于缩小城乡差距的"城乡统筹"和以城带乡的"城乡发展一体化",郫都区更强调发展过程中注重城市和乡村的平等地位以及二者的有机整合的城乡融合。具体而言,郫都区城乡融合发展包括城乡要素流动、基础设施建设、公共服务供给和生态环境治理等多方面的有机整合。

作为国家城乡融合发展试验区,郫都区在前期成果和实践经验基础上对完善城乡融合发展体制机制做了进一步创新。这些创新可以从城乡规划融合、城乡土地制度融合、城乡居民身份制度融合、城乡基础设施一体化发展机制融合、城乡产业发展平台融合和城乡生态环境治理融合六个方面进行概括总结。

一是在城乡"多规合一"的基础上刻画乡愁美学,推进文化特色的城乡规划融合。郫都区坚决按照乡村振兴战略"二十字"总要求，区委政府秉持"愿为天下先"的精神，立足区情，敢闯敢试，先行先试，通过统筹生产生活生态空间，构筑公园城市乡村表达，优化构建空间功能格局，按照城市主城区、示范走廊、产业功能区、特色小镇统一规划布局，奋力建设国家城乡融合发展试验区、农商文旅体先行区、公园城市示范区，打造高品质生活宜居地，有序推动城乡产业融合、价值融合、要素融合、数字融合、就业融合、居住融合、收入融合"七个融合"①，重塑了新型城乡关系，实现了城乡多规合一、大地景观标准化、建筑风貌管控全覆盖，并通过传统文化元素挖掘和特色文化创意植入，彰显了乡愁美学和文化特色。

二是走在全国前列的探索城乡土地"同地同权"的土地制度融合。按照"总体规划、政策叠加、要素保障"思路，系统推进"多规合一"，强化土地制度改革顶层设计。探索村级土地利用规划编制基本思路、方法和路径，打破行政界线，实行多村连片规划；集成运用农村集体经营性建设用地入市、宅基地有偿腾退等试点政策，注重发挥"入市改革"对区域统筹发

---

① "七个融合"分别是以产业链优化促进城乡产业融合、以多元生态消费场景营造促进价值融合、以农村土地制度改革持续深化促进要素融合、以国家数字经济创新发展试验区建设促进数字融合、以人力资源协同示范基地建设促进就业融合、以城乡基本公共服务均衡化促进居住融合、以多元稳定增收渠道拓宽促进收入融合。

展的"杠杆"作用；探索出由国有公司收储农村集体经营性建设用地及其指标并高效对接政府招商项目的模式，构建起多元化投资机制，吸引社会资本投资项目；探索完善改革过程中各类产权交易的不动产登记，梳理各类建设用地权属状况，规定入市土地登记的范围、登记程序，农村宅基地及农房登记实现常态化管理；创新多维入市路径，形成了多种权属关系下的土地入市交易新模式，探索社会资本、村集体、政府等多方参与的土地盘活方式，为因地制宜盘活资产资源创造了有利条件；创新收益分配，将多元兼顾、多方协调融入土地收益分配的全过程，形成了涵盖收益核算、分配标准和使用方式等方面的机制体系，建立起兼顾国家、集体、个人的土地收益分配机制。

三是发展乡村人口"走得出去"、城镇人口"引得进来"的城乡身份制度融合。郫都区建立了鼓励进城农业转移人口依法自愿有偿退出农村权益机制，积极支持农业转移人口市民化，推动农民工与城镇职工平等就业，健全农民工输出输入地劳务对接机制，加强现代职业农民培训，促进农民人力资本积累；推动"人才兴村"，建立"新村民"入乡驻村机制，在不打破原集体经济组织成员经济利益的基础上，对"新村民"在户籍管理、公共服务等方面给予同等权益，按需招募城市人才进村，试点"共享田园"改革，通过创业共享、要素共享、产品共享、生活共享、生态共享"五大共享"①，解决农村"谁种地、如何种好地"的问题，充分发挥"新村民"在资源整合、科学技术、文化创意、经营管理等方面的优势，促进乡村产业发展、文化振兴和社会治理，推动形成共建共治共享城乡社区治理新局面。

四是以实现城乡基本公共服务均等化为目标的基础设施一体化发展机制融合。郫都区着手建立城乡教育联合体和县域医共体，乡村教师和医务人员补充机制，配套了15分钟便民生活圈，推进城乡公共基础设施、保险体系、文化服务、适龄教育等均衡配置，落实了公共基础设施管护责任，提升公共服务供给质量。探索坚持政府统领、创新激励推进机制，坚持示范带领、创新全民参与机制，坚持文化传领、创新乡风涵养机制，坚持改革引领、创新价值转化机制的"四领四创"模式和厕污、厨污、洗涤污水"三水共治"模

---

① 创业共享：鼓励"新村民"参与村庄建设发展，从事农产品种植、产品增值营销，开展乡村旅游、餐饮民宿、艺术文创等创新创业。要素共享：城市人才利用智力、资本等要素与农村土地、田园等要素进行有效结合和平等交换。产品共享：推行品种、标准、技术、管理、销售"五个统一"，"新村民"通过认领种养、预定代种、自产自销、体验采摘等方式共享农产品。生活共享：以农耕文化保护传承、乡村生活体验、乡村场景为载体创建共享生活社群，使原住民和"新村民"相邻居住、共同学习、体验田园、享受劳作。生态共享：推广绿色生态种植技术，实施农村生活垃圾分类和环境治理，推动低碳生活，共同守护川西平原生态资源，共同享受美丽乡村。

式，遵循"小规模聚居、组团式布局、微田园风光、生态化建设"原则，在严守耕地红线的前提下，结合农村综合改革，建设适度规模聚居点，重塑农村新型社区，从根本上改变农村居民生产生活方式，打造出了战旗"中国美丽休闲乡村"、青杠树"中国十大最美乡村"、农科村"全国农业旅游示范点"等一批院落美、产业强的人居环境示范村，为打造美丽中国城乡融合人居样板作出了"郫都探索"。

五是通过产业功能区建设推动城乡产业协同发展的产业发展平台融合。郫都区坚持以产业功能区为载体，构建"产业功能区＋特色镇＋新型社区（林盘聚落）"三级城镇体系，建设成都川菜产业园、成都影视城、乡村振兴博览园、电子信息功能区、文化时尚功能区五大产业功能区，推进农商文旅体融合发展，建成一批乡村振兴示范村和A级景区；充分发挥功能区带动作用，瞄准蜀绣、川菜及豆瓣调味品、花卉苗木、川派盆景、唐元韭黄（菜）、新民场生菜、云桥圆根萝卜、珍稀食用菌、种苗繁育、优质粮油"十大特色产业"和科技创新、智能农机、冷链物流"三大支撑体系"，构建产业生态圈创新生态链，推动形成具有市场竞争力和区域带动力的现代化产业体系；按照"特色镇＋林盘＋X"（X为产业园、景区和功能区）的模式打造生产生活消费场景，率先打造城乡产业协同发展先行区，着力建设"生态食材种植＋农产品精深加工＋林盘美食消费体验"为一体的乡村川菜美食文化景区和川西林盘文化景区。

六是以生态价值多元转换为引领实现高质量发展的城乡生态环境治理机制融合。郫都区以全域生态资源为"底"、自然为"景"、生产方式变革为"核"，打通生态价值转化通道，推动生态价值向生活价值、经济价值转化。以林盘打造为抓手，大力发展现代农业、乡村旅游、配套服务等新产业新业态，创新林盘新经济消费场景，通过培育产业让生态变收益。积极创建全域旅游示范区，建设风、水、林、田、路、院"六素"同构，天人合一的和谐、自然、生态特色川西环境。注重区域生态协同保护，探索开展生态产品价值核算，完善自然资源价格形成机制，增值自然资源，让环境变资产，对林盘、水等自然资源进行确权颁证，将村级垃圾处理站、公共厕所等纳入村集体资产管理范畴，赋予自然资产"资本权能"。实行蓄水统配，让理财变复利。整合3%的项目分红利益，建立专属资金池。通过林盘消费场景品牌打造、生态产品开发与运营、基础设施配套等措施，进一步提升林盘生态价值，丰富消费场景，建立了政府主导、多方参与、可持续发展的城乡生态产品价值实现机制。

三　郫都区完善城乡融合体制机制的经验

郫都区在完善城乡融合体制机制方面的经验主要有以下四个方面。

一是坚持党对"三农"工作的领导，做好顶层设计，打造有为政府。城乡融合发展离不开市场在资源配置中的决定性作用，但市场并非万能，尤其是在中国这个经济环境复杂、农民需求多样的"三农"大国，需要党对"三农"工作的统一谋划部署，需要政府这只"有形之手"积极发挥引导市场的作用。为更好发挥市场调配资源作用，要立足地区实情，大胆进行改革探索，做好顶层设计。第一，依据城乡融合发展需求，筹建相应部门机构，创新构建"领导小组＋功能区管委会＋专委会＋乡村振兴公司"的工作运行机制。第二，建强基层党建组织体系建设。推行"三问三亮""三固化四包干"工作机制，提升党员为民服务责任感。第三，做好城乡融合规划引领，编制各类各层级乡村振兴规划，按规划执行。第四，加强乡村振兴资金整合，成立以区政府一把手为组长的涉农资金统筹整合领导小组，建立乡村振兴项目库，高效集中使用涉农资金。

二是大胆改革创新，培育乡村发展的内生新动能。当前国内外复杂的环境形势再次彰显"国以农为本，民以食为天"的硬道理，把乡村作为与城市具有同等地位的有机整体，实现经济社会文化共存共荣，是城乡融合发展的应有之义。郫都区在城乡融合中着力扭转过去"重城轻乡"的思维定式，支持并引导广大农民在平等参与现代化进程中共享现代化红利，将乡村发展的收益留在农村、留给农民。第一，紧紧抓住土地这一核心要素，深化农村土地制度改革，促进农村土地资源优化配置，扎实推进宅基地、承包地"三权分置"工作，做好农村集体经营性建设用地入市，积极培育新型农业经营主体，发展壮大农业社会化服务组织，鼓励和支持广大小农户走同现代农业相结合的发展之路。第二，深入推进农村产权制度改革，激活农村"沉睡"的资源，整合土地、农房、股权、资产和生产资料、生活资料等要素，构建多元化投入机制，搭建村级金融服务平台，有效畅通农户、企业、银行对接渠道，利用土地承包权、建设用地使用权、生产设施所有权等各类产权抵押融资，改善农村基础设施和公共服务，全面发展农村社会事业。第三，发展壮大农村新型集体经济，在民议民决的基础上，依托集体合作社，将耕地进行集中，统一对外招商、统一竞价谈判、统一管控形态，化资源为资产，变资产为资本。

三是坚持人才为上，做好治理与产业人才育用。城乡融合发展与乡村振兴离不开人才支撑。第一，育用乡村治理人才，必须将懂农业、爱农村、爱农民作为基本要求，实施"摸、找、选、育、炼、用、管"七步工作法，建立村级后备干部人才库，积极开展村（社区）党组织书记后备干部培养。组建驻村专家工作室，"上接天线"，建立村（社区）书记工作室，"下接地气"，形成"理论+实践""大专家+土专家"的育人体系，全面提升"三农"干部队伍能力和水平。第二，加强产业人才育用，推动"人才兴乡"，创新"选、培、评、用、退、支、服、保"多位一体的新型职业农民队伍建设标准，推进传统农民向专业化职业化现代化新型农业经营主体转变。创新开展"共享田园"建设，破解市民下乡难题。围绕村域实际发展需要，招募农商文旅体策划运营等领域领军人才，引育成为"新村民"，创新实施"大师驻村"机制，发挥大师名人示范带动作用。

四是坚持人民主体地位，保证农民平等参与城乡融合发展。没有农民参与的城乡融合与乡村振兴注定失败，坚持农民主体地位，维护农民合法权益，引导农民积极参与乡村发展，才能使城乡融合得更快更稳更好。第一，构建村"两委"、集体经济组织、农业合作社、"专业协会多元共治＋村民自治"工作机制，增强农村自治共治、共建共享能力。规范村（居）委会、议事会、监委会等自治组织建设，完善党组织领导下的协商议事机制，激发基层自治活力。第二，政府、村委与村民明确分工，各司其职，政府做好规划设计、村委做好社区基础设施建设、村民做好自家院落整治，通过镇、村、民三级联动抓院落风貌、产业植入，形成"一院多业"产业业态，实现农商文旅体融合发展。第三，探索社会组织协同治理模式，调动一切愿意为乡村做事、能够为乡村做事的民间力量，创建"社区＋群团＋社会组织＋社会企业＋N"互助共建模式，把爱心企事业单位、爱心商家、社会组织、爱心个人等紧密团结在一起，通过建立亲密的"伙伴关系"，为群众提供"公益＋低偿＋有偿"的高品质服务，实现社区公共空间可持续运营。

专题报告二

郫都区农村产业融合发展的道路探索*

---

* 马翠萍，博士，中国社会科学院农村发展研究所副研究员，研究方向：乡村产业发展。罗浩轩，博士，成都理工大学马克思主义学院副教授，中国社会科学院农村发展研究所访问学者，研究方向：中国特色农业现代化道路。

为落实习近平总书记"走在前列、起好示范"的要求，近年来，郫都区坚持"基在农业、惠在农村、利在农民"原则，打破镇村行政区划，重塑农村经济格局，通过推进产业功能区（园区）建设，促进乡村功能融合、资源融合，创造性地将自身在区位、生态和资源等方面的条件转化为构筑农村一、二、三产业融合发展的全产业链优势。以农民分享产业链增值效益为核心，以延长产业链、提升价值链、完善利益链为手段，全面推进农研融合、农工融合、农旅融合。在产业融合过程中，鼓励农户与农业新型经营主体构建股份合作、订单契约等紧密的利益联结机制，采取"保底收益"+"二次分红"股权量化分配方式，有力保障了农民利益最大化。

经过多年实践，郫都区已经找到了一条富民增收导向下的农村一、二、三产业融合发展的道路，2019年年末郫都区被国家列入全国农村一、二、三产业融合发展先导区创建名单。郫都区的产业融合实践探索，为四川省及至全国各地推进农村一、二、三产业融合发展提供了思路和借鉴。

一 富民增收导向下郫都区农村一、二、三产业融合发展的道路

推动互联网、大数据、人工智能等同郫都区传统的特色优势产业深度融合，推动产业集群发展。将资本、技术以及资源要素进行跨界集约化配置，推动农业生产与农产品加工和销售、餐饮、休闲以及其他服务业有机地整合在一起，以片区开发建设为导向，通过共建产业基地、共育产业品牌、共享产业成果，推动产业横向融合、纵向融合，协同发展，打造经济新业态。

（一）1+2：充分利用现代科学技术，改造提升传统农业

郫都区充分融入数字信息、互联网等现代生产要素，提升改造传统农业，推动农村产业高端化、智能

化、绿色化。

一是农业工业化，利用工业工程技术、装备、设施等改造传统优势农业。推动本地农业企业与科研院所合作，采用技术融合的方式培育出川西平原特色的黄色金针菇等优质菌种，建成西南地区最大、全国唯一的黄色金针菇生产示范基地。同时引进先进生产设备，建立自动出菇车间等多条自动化生产线，实现标准化、智能化、高效化生产。

二是依托传统产业优势，引进行业龙头企业，推动农业全产业链延伸。依托韭黄、圆根萝卜等优势农产品，引进产业化龙头企业，积极开展韭黄酒、韭黄粉、韭菜酱、萝卜干等衍生产品研发，积极培育唐元韭黄、新民场生菜等国家地理标志优势品牌蔬菜。

（二）2+3：稳步推进产业功能区（园区）建设，营造现代农业业态场景

以工业生产过程、工厂风貌、产品展示为主要参观内容延伸带动餐饮、工业旅游、文化体验，推动农商文旅融合发展。以成都川菜产业园为依托，聚焦川菜及调味品研发、生产，融入文创、旅游等多元产业形态，通过引入知名企业，推动"功能区+特色镇+

产业园+社区公园+大地田园"融合发展。按照完整产业链的理念,构建了集"研发、生产、流通、加工、配送、销售、体验观光"为一体的综合性旅游景区——中国川菜体验园,配套建设川菜美食体验街、川菜文化体验馆及蜀都特产商城等,涵盖了川菜文化体验、工业生产线参观、美食品尝、特色商品销售和休闲娱乐等功能。

(三) 1+3:深入挖掘农业多功能属性,推动农商文旅体融合发展

通过将中国传统农耕文化、原生态乡村景观、河道文化景观、川西特色民俗风情、乡村美食文化与现代生产要素科技、信息化技术结合,推动"农业+体验""农业+文创""农业+旅游""农业+互联网"等多种业态交叉融合发展。

一是推动"农业+体验"深度融合。以农业文化遗产为主线、"林盘+"为特色,充分整合低效农用地、闲置宅基地、荒滩地和水面,适当植入乡村书院、村民大戏台,通过引入行业龙头企业,建成集农事体验、游学研学、艺术创作、民宿等功能为主的体验式文旅综合体和"川西民宿酒店+"体验新场景。

二是推动"农业+旅游"深度融合。依托韭菜田

园景观、川西林盘院落、新农村建设示范点、农耕文化、历史文化等资源，大力发展以农业观光、特色餐饮为主的乡村旅游。2018年以来，郫都区着力打造了农民幸福家园、游客度假乐园、第五季·妈妈农庄AAA级景区、"泥巴小院"等集酒店、文创、娱乐、购物为一体的川西文化旅游综合体，塑造了"田成方、树成簇、水成网"的乡村田园画卷。

（四）1+2+3：依托"互联网+"，促进三次产业交叉融合发展

全面推进现代信息技术应用于农业生产、经营、管理和服务，加快智慧农业、智慧加工、智慧旅游发展进程，推动"农业+互联网"深度融合。

一是强化信息技术在农产品和农资生产、流通、营销、服务以及乡村旅游全过程中的管控作用。2018年以来，郫都区对60余家食品加工企业实施智能化数字化改造，建成郫都区豆瓣行业首个数字化制曲车间、产品生产销售数字化管理系统。

二是依托"互联网+""直播+"等产供销对接新型服务业态，推进"买全川、卖全球"。充分利用互联网龙头企业线上优势，引进全国首个乡村振兴直播新经济产业园，以天府水源地公用品牌和农业文化

遗产品牌为"主轴","分支"打造郫县豆瓣、蜀绣、唐元韭黄、新民场生菜、云桥圆根萝卜等多元知名品牌,推进"买全川、卖全球",提升品牌价值。

二 郫都区促进农村一、二、三产业融合发展的主要成效

郫都区通过现代要素改造传统农业，拓展农业功能，形成了精品农家乐、特色民宿、农村电商、乡村旅游、农村文创等新型农村经济业态，并日益成为兴村富民的乡村重要产业。在产业融合过程中，通过推进农户与农业新型经营主体构建股份合作型、合作开发型、订单契约型等紧密的利益联结机制，促进产业链增值收益更多留在产地、留给农民。

（一）提高了农业质量效益和竞争力

郫都区产业融合聚焦"10+3"特色产业，通过强化绿色导向、高标准引领、发展智慧农业、整合农业产业链，以质量兴农、品牌强农战略，推进产业基础高级化、产业链现代化，有效提高了农业质量效益和

竞争力。

一是强化绿色导向、高标准引领和质量安全监管，实现了质量兴农、品牌强农。通过建立高标准农田、有机农业基地、准化产业基地，完善标准化生产体系、质量溯源体系，实现了质量兴农、品牌强农。截至2020年10月底完成认证"三品一标"农产品和备案产品273个，累计培育优质农产品品牌、中国驰名商标等品牌商标共计184个。打造了"天府水源地""中国重要农业文化遗产"等农业公用品牌。到2020年10月底，蔬菜国家地理标志优势品牌，实现产业化销售收入28.9亿元；"郫县豆瓣"品牌价值超657亿元，位列全国加工食品类地理标志产品第一。

二是"数字乡村"战略，实现了智慧农业。郫都区积极推动"数字乡村"战略，发展"互联网+"新业态新模式，加快智慧农业、智慧加工、智慧旅游发展进程，强化农产品和农资生产、流通、营销、服务以及乡村旅游全过程管控。到2020年10月底，中国—郫都特产馆实现农产品电商销售9.45亿元。

三是强化产业集聚效应，提升了传统农业竞争力。近年来，郫都区集聚资源加快农产品专业批发市场、特色农产品或优势农产品生产基地、农业产业园区建设，通过龙头企业、农民合作社等新型经营主体整合传统农业产业链，完成了农村产业由"散而弱"向

"聚而强"的转变，提升了产业竞争力。形成了以中国川菜产业园农副产品精深加工基地为载体的加工龙头企业集群；通过引进育种龙头企业建设国际化种苗繁育基地，链接种苗研发、生产销售、科普教育、会展论坛，辐射产业链上下游5000多个市场主体，创造了较强的产业竞争力。

四是加强国内国际技术合作，解决种业"卡脖子"问题。通过深化校地企合作，孵化双创主体1065家、高新技术企业76家，攻克食用菌智能化生产等技术难题58项，实现育种育苗等科研成果转化1500余项；大力加强与国际知名育种公司和院校深度合作，引进研发花卉、蔬菜新品种5000余个，较大程度解决了农业种业卡脖子问题。

（二）培育了多元新型农业经营主体

郫都区在推进产业融合过程中，通过鼓励新型农业经营主体申报、实施和承接财政支农项目，支持新型农业经营主体牵头、联合科研院所和高校，实施一批全产业链科技示范重大项目和区域优势特色产业技术研发项目，促进了新型农业经营主体成长。

一是龙头企业成为带动区域农村经济发展的主体。目前，郫都区拥有市级以上农业产业化经营体量大的重点龙头企业共35家，基本覆盖郫都区所有主导产业。这些龙头企业采取直接投资、参股经营等方式，在农村地区建设产业示范基地，重点发展农产品加工、流通、电子商务、乡村旅游和农业社会化服务业，吸纳农民（特别是贫困农民）就业，带动了农村发展和农民增收。

二是家庭农场和新型职业农民成为郫都区发展现代农业的主力。截至2020年10月底，郫都区经工商注册的家庭农场共127家，其中家庭农场市级示范场4家、省级示范场4家。从经营产业结构来看，家庭农场经营范围基本覆盖了区内主导产业。全区农业适度规模经营率达76.8%。

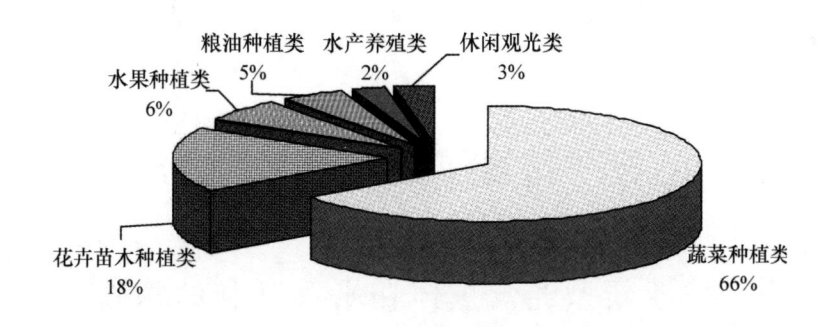

图2 郫都区家庭农场经营产业结构

同时，郫都区近年来大力培育新型职业农民。通过搭建四川战旗乡村振兴培训学院、乡村振兴讲习所、农民夜校等多层次培训平台，到2020年10月底全区认定职业农民4101名、农业职业经理人621名。

三是农民合作社、股份合作社得到快速发展，带动力较强。郫都区鼓励农民以土地承包经营权折资入股等方式建立农民合作社、土地股份合作社等新型农业经营主体。截至 2020 年 10 月底，郫都区累计培育农民合作社、股份合作社等现代产业经营主体 1000 余个，小农户入社率超过 70%。截至 2019 年 12 月底，全区依法登记注册的农民专业合作社达 367 家，其中以种植业专业合作社为主。农民专业合作社成员总数达 1.58 万户。通过"企业+合作社+基地+农户"发展模式，引导小农户开展规范化、标准化生产，促进小农户与现代农业发展有机衔接，带动农民组织化程度达 80% 以上，累计引进社会资本 25 亿元投资于农村产业融合发展领域。

（三）拓展了农民增收空间

引导农业新型经营主体在平等互利的基础上，与农户建立利益共享、风险共担的利益联结机制，形成了"园区（基地）+合作社+农户""联合社+合作社+农户""企业+合作社+基地+农户""公司+基地+农户"等多元化"农户+"的新产业组织方式，拓展了农民工资性收入、经营性收入、财产性收入空间。

近年来,农村居民人均可支配收入从2017年的24060元上升到2019年的28559元,年均增幅高达8.94%,高于地区生产总值增速,高于同期成都、全国平均水平;城乡居民收入比值由2017年的1.68缩小至2019年的1.60,显著低于2019年全国2.64的水平。

(四)壮大了农村集体经济

到2020年10月底,郫都区共有农村集体经济组织1762个,全区农村集体资产(含集体资产管理公司)总额为25.87亿元。通过推进"集体经济+"国有公司、土地流转、土地入市、资金入股、物业经营等多种"集体经济+"经营方式,形成了稳定可靠的集体经济收入来源,壮大了农村集体经济。例如,唐昌镇战旗村成立了战旗资产管理公司,支持村民利用闲置房屋资源发展民宿、茶馆等业态,促进乡村旅游

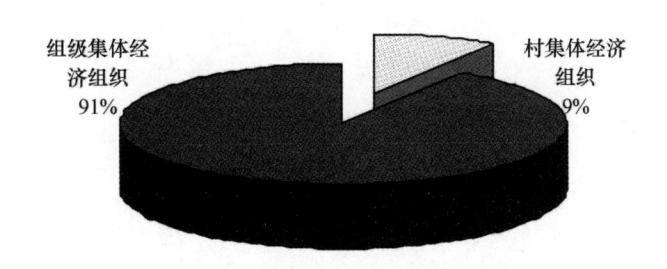

图3 郫都区农村集体经济组织结构

发展。2019年,战旗村村集体经济收入达621万元、同比增长19.4%,乡村旅游收入占到村集体经济收入的93%,先后获评"全国乡村振兴示范村""中国美丽休闲乡村""四川集体经济十强村"等称号。

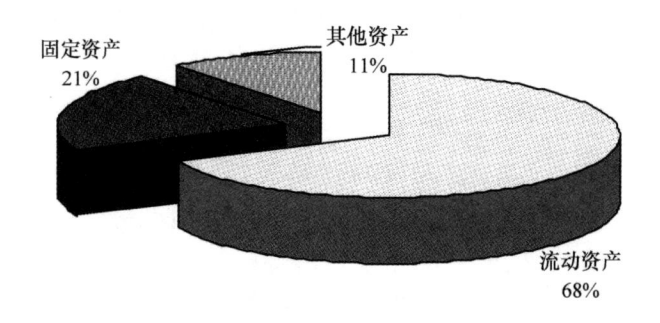

图4 郫都区农村集体资产结构

三 富民增收导向下郫都区农村一、二、三产业融合发展的重要经验

郫都区产业融合发展始终坚持"基在农业、惠在农村、利在农民"原则，立足大农业，充分发挥二三产业优势，促进农业发展。创造性地将自身在区位、生态和资源等方面的条件转化为构筑一、二、三产业融合发展的全产业链优势，以农民分享产业链增值效益为核心，以延长产业链、提升价值链、完善利益链为手段，通过组织保障、激励保障、政策保障和机制保障，将产业链留在农村，使农民分享更多的二三产业效益。

（一）组织保障：优化政策"全周期"服务，营造一、二、三产业融合发展良好环境

郫都区在促进一、二、三产业融合发展过程中充

分发挥了政府引领作用，通过整合机构、精准施策、强化监督，实现政策"全周期"服务，为一、二、三产业融合营造了良好的环境。

一是组建多层次、跨部门的组织机构，发挥政府整体效能，推动一、二、三产业融合发展。实施"乡村振兴领导小组＋乡村振兴专委会＋功能区管委会＋蜀都乡村振兴公司"和"乡村振兴博览园指挥部＋管委会＋工作组"工作推进及管理运营模式。按照"规、建、管"一体化工作思路，充分发挥9个乡村振兴专委会和5个管委会工作组作用，注重调动村（社区）"两委"积极性，凝聚全社会各界智慧和力量促进一、二、三产业融合。

二是以政策服务需求为导向精准施策，加强对一、二、三产业融合发展的制度、政策、项目、资金等方面的统筹协调。优化落实产业扶持政策，将财政资金重点对重大产业项目及优先发展产业给予支持，带动信贷资金、社会资金投入农业农村领域。健全项目推进机制。实行区、镇（街道）联动，以区为主、多部门协同的项目招商引资工作机制。深化项目资金区级统筹制度，设立乡村振兴专项资金，最大限度发挥项目资金的效益。

三是注重施策过程跟踪和监督检查考核，确保高质量实现一、二、三产业融合发展。区委区政府把乡村振兴战略各项工作纳入全区目标管理体系。各牵头单位加强过程跟踪和监督检查，各责任单位建立了工作专项台账，严格落实工作主体、责任主体、实施主体、管理主体以及目标、任务、资金、权责的内部监督考核机制。严格开展年度考核工作，加强目标督促检查，确保高质量完成各项目标任务。

（二）激励保障：灵活整合财税支持政策，激发一、二、三产业融合发展内生动力

郫都区针对一、二、三产业融合过程中产生的大量产业间交叉业务，建立财税支持平台，整合财税支持政策，激发一、二、三产业融合发展内生动力。

一是建立财税支持平台，出台管理办法，实现精准投放。郫都区通过成立国有平台公司，发挥国债、专项基金的投资引导作用；出台涉农资金项目管理办法，整合各级涉农资金，"打捆"使用，实现精准投放。

二是建立农业园区项目多投入、多补助的激励机制。引导市场主体围绕现代农业产业园区，确定重点任务，带动金融资本和社会资本入园，完善园区建设中政府和社会资本合作（PPP）项目奖补政策；建立乡村振兴农业产业发展贷款风险补偿金制度；适当提

高高标准农田建设补助标准，推动高端精致农业做大做强。

三是采取以奖代补、建立专项资金、贴息等方式对农业新兴经营主体予以支持。积极争取各级财政专项资金，采取以奖代补的方式扶持农民专业合作社，通过项目建设提升合作社自身能力；建立奖补机制，支持国有企业加快建立农业产业发展投资引导基金，支持优势产业发展壮大；探索建立乡村振兴农业产业发展贷款风险补偿金制度，对符合条件的农产品精深加工项目和农业产业化基地建设项目予以贴息。

四是强化一、二、三产业融合发展的金融支持力度。围绕"培育产业生态圈、补齐产业链、抓好上下游产业配套"的总体目标，加大项目招引，广泛引领金融资金和社会资金投入农业农村领域；构建政企银合作机制，积极探索PPP等新型融资模式，为产业融合发展提供资金保障。

（三）政策保障：顶层设计、重点突破，构建一、二、三产业融合发展政策体系

近年来，郫都区出台了"一揽子"政策，强化对乡村产业融合振兴的激励约束，注重保护农民利益，集成化、体系化一、二、三产业融合发展的保障政策。

一是加强顶层设计，制定"一揽子"政策。出台了《关于加快建设国家双创示范基地大力打造创客郫都发展新经济培育新动能的决定》《关于全面贯彻新发展理念加快推进郫都高质量发展的决定》等促进乡村振兴的纲领性文件。围绕特色产业发展，出台了郫都区《乡村振兴特色产业（10＋3）发展纲要（2019—2023年）》，细化了13个推进方案，提出了未来五年全区乡村振兴特色产业发展的总体要求、发展目标、重点任务、保障措施。

二是激励和约束并举，完善工商业资本进入农业农村的相关政策。出台了工商业资本进入农业的规范，对投资者或合作方，项目投资建设的产业领域进行了规范；鼓励和引导工商业资本进入便于农村一、二、三产业融合的领域。

三是保护农民利益，探索工商业企业与农户的长效联结机制。在引进企业过程中，郫都区强调对农民权利的保障，指出投资者应通过优先聘用当地劳动力，采取保底分红、股份合作、劳务合作等多种方式让农民充分参与并受益。出台了郫都区《社会投资田园综合体项目导则（试行）》、郫都区《十亩以下农村集体建设用地项目投资流程》，鼓励投资者利用技术、品牌和渠道等优势，与农村集体经济组织、农民合作社等采取股份、技术、劳务等合作方式带动都市现代农业发展。

（四）机制保障：改革创新，走在前列，破除制约一、二、三产业要素融合的制度瓶颈

通过深化农村集体产权制度改革、农村金融制度改革，大力加强农村人力资源培育，逐步破除制约一、二、三产业要素融合的制度瓶颈。

一是持续深化土地制度改革，建立土地要素融合机制。针对农村一、二、三产业融合发展的用地需求，将项目建设用地纳入土地利用总体规划和年度建设用地计划中统筹安排，争取在年度建设用地指标中单列一定比例，专用于新型农业经营主体进行农产品加工、仓储物流、产地批发市场等建设；对社会资本投资建设连片面积达到一定规模的高标准农田、生态公益林等，允许在依法办理建设用地审批手续等前提下，利用一定比例的土地开展文创旅游、加工流通等经营活动。

二是深化农村金融制度改革，建立资本要素融合机制。先后印发了《农村集体经营性建设用地入市规定》等28个农村土地制度改革配套文件，出台《农村集体经营性建设用地使用权抵押贷款工作意见和抵押

登记办法》，将农村经营性建设用地使用权纳入区农村产权抵押融资风险基金保障范围，由市、县两级风险基金按4∶6的比例分担收购处净损失，对开展农村集体经营性建设用地使用权抵押贷款的金融机构实施专项奖励和信贷激励。

三是加强人才引进、培育力度，增强农村发展内生动力。通过校地企合作强化智力支持，创新"高校+支部+农户"模式，持续开展"大学生进农家""农业技能人才进村入户"等活动，组建院士工作站、专家大院、乡村振兴智库，实施"一村一大师"工程，实现乡村振兴智力服务供需精准对接。同时坚持"走出去"与"请进来"相结合的培训方式，着力培育新型职业农民，全面实施新型职业农民资格制度。积极开办农民夜校、乡村振兴讲习所，大力培养"新村民"、新乡贤等"六新"实用人才，健全职业技术教育培训体系，增强了乡村振兴内生动力。

总之，郫都区农村产业融合发展立足农业农村，通过要素集聚、技术渗透和制度创新，将乡村功能融合、资源融合，推动农村一、二、三产业之间优化重组、整合集成、交叉互渗，使产业链条不断延伸，产业范围不断拓展，走出了一条产村相融、产业互动、城乡互促、农民致富的改革发展之路。

专题报告三

郫都区"三生"融合的生态振兴实践*

---

* 王宾，博士，中国社会科学院农村发展研究所助理研究员，研究方向：农村生态治理、农业可持续发展。

2018年春节前夕，习近平总书记到郫都区视察，提出实施乡村振兴战略要"走在前列，起好示范"的要求。三年来，郫都区坚持"绿水青山就是金山银山"理念，努力践行习近平生态文明思想，尊重自然、顺应自然、保护自然，筑牢生态安全屏障，坚持生态环境导向的开发模式，推动生产、生活、生态和谐发展，将生态优势转化为发展优势，实施"治水""护林""整田""美路"等工程，重点打造"林盘+"示范项目，开发利用水系生态资源，实现了生态农产品市场价值增效，塑造了人与自然和谐共生的川西特色乡村形态，为西部地区通过绿色发展破除区域经济增长生态制约提供了经验借鉴。

具体而言，郫都区将生态振兴统领带动乡村振兴全面发展，以"四川郫都林盘农耕文化系统"中国重要农业文化遗产地保护和水源地保护为抓手，实现了农业生产方式向绿色化转型；以创新"三水共治""打平伙·九大碗"模式为带动，深入推进农村人居环境整治；以落实"中优""西控"战略为支撑，建立了可持续、市场化的生态产品多元价值实现机制。基于此，形成了农业生产系统、农村生活系统与自然生态系统共融互促的"三生共融"生态振兴实践。

一 郫都区生态振兴实践

郫都区依托地理特性、蜀韵风貌和民居院落风格，在推进农业农村绿色生产生活方式转变中，探索出了一条独具特色又具有推广价值的生态振兴之路，形成了以下三种典型模式。

（一）创新推进"生态分红"模式

川西林盘是成都平原在历史发展中逐渐形成的特有的农耕文化形态，尤以郫都林盘最具代表性。其不仅开创了"随田散居"的居住方式，而且广泛融入社会生活的点滴中。为促进生态资源合理利用，激发生态价值活力，将生态优势转化为发展优势，郫都区坚决落实习近平总书记"把生态价值考虑进去"的重要指示精神，遵循"增绿惠民、营城聚人、筑景成势、引商兴业"的转化思路，坚持在发展中保护、在保护中发展，大胆改革创新，整体保护水林田自然生态，划定生态分类管控区域，出台了郫都区《加快生态价值多元转化 助推高质量发展的决定》，以林盘打造为抓手，大力发展现代农业、乡村旅游、配套服务等新产业新业态，并通过生态环境保护和修复，拓宽了生态价值向经济价值转化的通道，推动了土地溢价、资产增值，形成了"保护—开发—获得收益"与"价值增值—投资再保护"的良性循环。真正将生态资源转化为生态资本，将生态优势转化为发展优势。

在实践中，郫都区坚持"资源公有、物权法定和统一确权登记"的原则，对全区山水林田湖等自然生态资源全面清理。对林盘、土地、林地、湿地等自然资源进行确权颁证，将村级垃圾处理站、公共厕所等纳入村集体资产管理范畴，赋予自然资产"资本权能"。通过土地整理、宅基地制度改革、集体经营性建设用地入市等，引入国有平台公司，对自然资源进行外部风貌打造，并精准引进生产成本低、效益高、绿色环保的项目入驻。在生态价值创造性转化方面，坚持"政府主导、市场主体、商业化逻辑"理念，加强政策引导和规划约束，创新以产出为导向的要素供给方式和融资模式，构建财政资金引导投资机构和社会资本系统联动机制，引入社会资本，鼓励国有公司、集体经济组织等按市场化原则积极开展合作。项目通过租用方式流转宅基地、林地和农用地以及闲置房屋，明确"项目基本租金＋每月3%的营业额"的分红模式，整合3%的项目分红利益，用于专属资金池，实行蓄水统配，明确项目营业额的资金使用方向，实现了以村集体为单位的生态环境入股收益。

通过林盘消费场景品牌打造、生态产品开发与运营、基础设施配套等措施，郫都区进一步提升了林盘生态价值，促进了村集体经济水平持续提升。从效果上来看，郫都区牢牢抓住全国农村土地制度改革试点契机，建成了"小组微生"新农村15个、林盘新经济消费场景100余个，植入绿道512公里、特色镇8个、国家A级景区10个。并建成精品林盘14个、饮用水源保护区60平方公里、城乡公园280万平方米、绿道500公里、川西林盘8700余个。"四川郫都林盘农耕文化系统"成功入选第五批"中国重要农业文化遗产"名录。打造泥巴小院、诗里田园、袁隆平种业硅谷等100余个多重元素集成、全龄友好的新消费场景。创建省市区级文明村镇107个、"三美"示范村78个，其中三道堰青杠树村实力田园项目跻身"国家级旅游度假引领区"。在生态收益方面，战旗村2019年10月引入的"望丛釜林盘火锅"项目，半年就向村集体经济组织分红5万余元。

（二）有效实施"三水共治"

郫都区为切实解决农村污水点多、面广、分散、难治理等突出问题，坚持把整治农村人居环境作为推进乡村生态振兴的重要抓手，创新餐厨废水、洗涤废水、厕所污水"三水共治"模式，制定了郫都区《农村生活污水"三水共治"实施方案》《农村人居环境整治三年行动实施方案》《农村人居环境"百村整治、万户清洁"行动考评办法》，切实承担起水源保护地政治责任，助力打赢农村"污水革命"攻坚战。

在实践中，郫都区创新隔离池分流、调节池收集"三水合一"模式，统一标准建设餐厨废水隔油池、厕所污水沉渣池、户外调节收集池"三池"，推动农户居家生活污水全部实现油污、粪渣、废水、污水分离和统一收集，破解了农村生活污水源头管控难问题。在污水分散处置环节，根据院落区位条件、村民户数、污水排量等差异，统一处理标准，因地制宜采取五种方式（接入市政污水管网、接入一体化设施、接入人工湿地系统、推进资源化利用和开展转运处理）分类实施。在资金筹措方面，构建"政府主导、群众主体、集体参与、社会投资"的投入体系，其中，由区级财政投入资金近1亿元，专项用于农村生活污水治理等设施配套补贴，推动改厕、"三水共治"前端、一体化设施后端改造。创新"打平伙·九大碗"方式，探索出"乡贤出智出策、大户出钱出材、人才出技出艺、农户出工出力"的群众投入机制。同时，借助全国农村集体产权制度改革试点等成果，将污水处理设施纳入村集体资产管理，以"增人不增股、减人不减股"方式量化确权到人。在后期管理与维护方面，坚持政府"软要求"与村规"硬约束"相结合，引导社会专业力量参与，建立长效管理机制，推动共建共管共享。由区、镇两级政府指导村规划编制，推动环境整治与产业规划、国土空间规划、项目安排等衔接，建立领导联系包村、专题汇报评比等机制，推动生活污水治理覆盖全部村落。并且村村制定村规民约、院落公约，将污水治理管理纳入其中，划定居民管护责任区，由居民按标准自主实施改水、改厕、改厨和院落整治。此外，郫都区通过市场化方式采购"第三方测评服务"和"设施运维服务"，由中标单位负责对全域村落实施月度抽查和一体化设施实施定期检查维护。

通过开展"三水共治"，郫都区极大地改善了农村人居环境，解决了农村生活污水处理和厕所粪污处理难的问题。2019年，全区建设了以安德街道广福村余家院子、唐昌镇大云村九龙居院子为代表的典型示范院落。2020年，启动建设了以友爱镇石羊村高家院子、向阳村艾家坝院子为代表的典型示范院落。截至 2020 年 10 月底，全区已完成"三水共治"前端 20 户以上院落 81 个，正在启动实施的 20 户以上院落 41 个，拟启动实施 20 户以上院落 62 个。建成乡村振兴示范村 13 个、"三水共治"示范村 8 个、"水美乡村"7 个，创建"美丽四川·宜居乡村"达标村 134 个，打造出了战旗村、先锋村、石羊村等一批人居环境示范村。

（三）前瞻布局"三生共融"实践

郫都区时刻践行"绿水青山就是金山银山"发展理念，持续改善生态环境，推动形成绿色发展方式和生活方式，并将自然生态系统、农业生产系统和农村生活系统紧密结合在一起，致力打造"三生共融"的美丽宜居公园城市。

在实践中，自然生态系统保护方面，遵循公园城市建设理念，把保护和利用郫都林盘作为西控绿色发展新模式、特色镇创新发展新路径，推进"特色镇+林盘+农业园区""特色镇+林盘+景区""特色镇+林盘+产业园"三种类型保护利用工作，构筑起"山水林田湖产城"生命共同体，打造了"宜居、宜业、宜游"、体现天府记忆乡愁、独具天府文化魅力，可进入、可参与、可体验的林盘聚落和旅游目的地。农业生产系统转型方面，积极打响"天府水源地"农产品品牌，加快饮用水源保护区生态建设，依托川西林盘、农田水系、川菜产业等优势资源，着重发展绿色有机农产品，推动传统产业向绿色农业转化；建立市场化、多元化水源保护区稻田生态补偿机制，打造生态有机农业和饮用水源保护区生态农业示范带，大力推动农药化肥减量使用、农业生产废弃物循环利用，推动传统农业向绿色生态有机方向发展。农村生活环境系统方面，紧扣农民美好生活需要，有机植入公园城市等现代理念，大力实施农村人居环境整治，全面推进"四清四改""三大革命"工作，构建了"一套机制、三项措施、三类标准、四个转化"的"1334"工作法，推动全域乡村达到干净、整洁、通透、清爽标准，打造出多处人居环境整治示范村。

三大系统之间的共融互促，既保护了自然生态系统的平衡，又增强了农村人居环境整治的效果，加速了农业生产的绿色转型和现代化步伐，很好地解决了当前农业农村生态治理的难题。到 2020 年 10 月底，郫都区初步建成了大公园大景区，建设国家农业大公园和可阅读、可感知城乡公园 135 个、绿道 354 公里、A 级景区 10 个，串联了大田景观 30 万亩、河流 8 条，形成了"一步一景、处处皆景"的发展场景。在农业绿色生产环节，建立了 8 个标准化基层农业服务中心，全区实现有机农业面积3940.9亩，无公害农产品生产面积15876亩，打造"农遗良品"等天府水源地绿色有机品牌1000余个。推动生菜、圆根萝卜等40余个"郫都产"生态农产品销往全国、走向世界。2019年，蔬菜病虫害绿色防控和统防统治项目2.5万亩，项目覆盖区绿色防控覆盖率达100%。在农村生活系统方面，完成农村户厕改造30000余户，完成率91.2%，建成柏条河等生态湿地6个、生态绿道346公里、赏花基地近1万亩，铺修农村水泥路300余公里，建成卫生（院）所13个，全面实现农村区域集中供水，生活在农村成为新的时尚追求。打造出了"中国美丽休闲乡村—战旗村""中国十大最美乡村—青杠树村""全国农业旅游示范点—农科村"等典型村落。

二 郫都区生态振兴实践推广价值

郫都区在推进生态振兴过程中，探索并形成了一系列可供复制和推广的实践经验，为全面推动乡村振兴战略和实现农业农村高质量发展奠定了扎实的生态基础。总体来看，郫都区生态振兴实践对于全国具有一定的可推广价值。

（一）激活生态多元复合价值，探索生态资源资产化和价值化

《中共中央关于制定国民经济和社会发展第十四个五年规划和二〇三五年远景目标的建议》明确提出，要建立生态产品价值实现机制，完善市场化、多元化生态补偿。由于生态资源具有稀缺性、财产性、可交易性等经济属性，如何实现生态资源到生态资产的转

化，需要通过价值化和市场化来实现。即如何通过货币度量生态成本，建立生态资产市场，将市场作为资源配置的决定性手段，进而提高资源配置效率，实现生态资产的保值增值。目前来看，只有让生态资产所有者能够通过转让、租赁、承包、抵押、入股等形式交易生态资产使用权，盘活既有资产，才能够实现生态资产价值的最大化。

为此，全国可借鉴郫都实践，努力探索适宜地区发展的市场化生态价值转化机制。通过制定详细的市场运作规则和管理办法，建立生态市场管理行为规范，完善生态价值评估核算体系和自然资源资产化管理模式，为生态资源实现价值转换提供依据。不断健全生态资源资产的产权制度和产权交易机制，加快建立碳汇交易、水权交易、排放权交易等生态资产市场，以更加开放的市场资源配置方式实现生态价值转化。同时，深化自然资源资产化管理模式。依托资本市场，采取股权、债券、金融衍生品等工具手段，实现自然资源资产预期收益当期货币化的管理模式，创新资本市场与自然资源产权交易市场相互结合的方式，促进自然资源开发利用产业升级改造，并在防范金融风险的前提下，探索出自然资源资本化的管理模式。

（二）因地制宜、标本兼治构建农村人居环境整治长效管控机制

《中共中央关于制定国民经济和社会发展第十四个五年规划和二〇三五年远景目标的建议》明确提出，要因地制宜推进农村改厕、生活垃圾处理和污水治理，改善农村人居环境。2020年12月31日，由生态环境部、水利部、农业农村部等七部委联合下发的《关于推动农村人居环境标准体系建设的指导意见》，要求统筹考虑农村厕所革命、农村生活垃圾治理、农村生活污水处理、村容村貌提升等农村人居环境整治有关任务的关键要素关系。目前来看，我国农村生活垃圾收运处理已经取得了明显成效。然而，农村无害化卫生厕所普及率和农村生活污水处理率的比重仍不足六成。农村生活污水具有分布分散、收集困难、随机性强等特点，一定程度上存在规模不经济。农村厕所只建不管、后期维护费用高等难题也成为利用率不高甚至弃用的主要原因。如何高质量推进农村生活污水处理和厕所改造是当前乃至今后一段时期内农村人居环境整治提升工作亟待解决的问题。

为此，全国可借鉴郫都实践，做好厕所改造和农村生活污水治理的有效衔接。鼓励各地区根据各自财

政状况、不同发展类型、不同区位条件，明确农村人居环境整治的路线图，确定适宜地区发展的农村人居环境整治技术和方案。同时，要充分调动农民的参与积极性。农民始终是农村人居环境整治的主体，是农村环境综合整治的维护者、监督者和受益者，其自觉参与是农村环境整治的内在动力。农村人居环境整治是政府、市场和农民三方共同参与完成的系统工程，只有真正尊重农民的主体地位，才能够将农村人居环境整治工作落到实处。可借鉴唐昌街道柏木村"三固化"工作经验，充分发挥党员、议事会的作用，让群众真正参与到人居环境整治工作中，变被动为主动，让"要我做"转变为"我要做"，激发内生动力，形成民主共治的良好局面。此外，要切实加大农村人居环境整治提升工作的宣传力度，通过多种渠道，全方位、多层次地开展宣传教育，鼓励和引导农村居民养成良好的生活习惯，积极投身于农村人居环境整治工作，自觉维护生态环境。

（三）推进自然生态系统、农业生产系统和农村生活系统共融互促

《中共中央关于制定国民经济和社会发展第十四个五年规划和二〇三五年远景目标的建议》明确把生产

生活方式绿色转型成效显著，生态环境持续改善，作为"十四五"时期经济社会发展的主要目标，生态安全屏障更加牢固，城乡人居环境明显改善。生态文明建设是关系中华民族永续发展的千年大计，必须践行"绿水青山就是金山银山"理念，坚持节约优先、保护优先、自然恢复为主的方针，坚定走生产发展、生活富裕、生态良好的文明发展道路，建设美丽中国。要拓宽发展视野，探索形成农业农村大生态循环系统，最终实现人与自然和谐共生。目前来看，我国自然生态系统、农业生产系统和农村生活系统三大系统之间存在联系疏远甚至割裂的局面，难以形成完整的生态链系统，不利于农业与农村之间的协调发展。

为此，全国可借鉴郫都实践，坚持走生产、生活、生态"三生融合"的绿色发展道路。要坚持系统谋划，深刻把握"三生融合"的内在机理，突破要素瓶颈，筑牢"三生融合"基底，实现由兼顾平衡到协调发展的转变。坚持"生态优先和永续发展"为根本原则，真正遵循"良好生态环境是最普惠的民生福祉"的宗旨，实现生态为民、生态惠民和生态利民，将生态效益转化为经济效益，进一步释放生态红利。不断调整农业生产方式和生产结构，加快建立配套的政策体系和法规体系，以绿色农业为抓手循序渐进推动农业高质量发展，倡导有机生态农业和循环农业，走品牌兴农之路。将生态优势与产业发展互融互促，构建富有竞争力和差异化的区域产业体系。潜移默化地改造传统生产和生活方式，开展多层次、多形式、全方位的绿色生态教育活动，推进绿色生产生活理念宣传工作，倡导绿色生产生活方式，形成生态、生产、生活和谐统一的空间格局。

专题报告四

郫都区农村土地制度改革的实践创新[*]

---

[*] 李登旺,博士,中国社会科学院农村发展研究所助理研究员,研究方向:农村土地制度。

党的十九届五中全会提出"健全城乡融合发展机制，推动城乡要素平等交换、双向流动，增强农业农村发展活力"。郫都区紧抓国家土地制度改革试点契机，按照国家关于统筹推进农村土地制度改革"三项试点"的要求，围绕"试制度、试机制、试成效"的思路导向，聚焦问题关键，多方协同配合，取得了机制健全、制度完善、规划优化、项目推进、理论提升、转型发展等体系性成果。创新了"三定"摸底、"两规两优"、"两个主体"、合同续期、征转分离、流量管理等改革举措。以农村土地制度改革持续深化要素融合，集成运用宅基地"三权分置"、集体经营性建设用地入市等成果，探索在保障村民与村集体利益的基础上，通过创业共享、要素共享、产品共享、生活共享，培育"新村民"，畅通人才、资金"下乡""兴村"通道，有力地推动了乡村振兴，为全国农村土地制度改革提供了"可复制、易推广"的郫都经验。

一 郫都区农村土地制度改革实践

郫都区作为全国首批改革试点地区之一，相继实施农村集体经营性建设用地入市、农村土地征收制度改革和统筹推进农村土地制度改革"三项试点"的任务。在"创新制度、盘活资产、保障权益"上下功夫，积极探索土地要素城乡平等交换途径，有效打通农村土地市场与资本的对接通道，全面盘活农村各类资产资源，开创了土地增效、农民增收、集体壮大、产业升级的新局面。

（一）农村集体经营性建设用地入市改革的主要做法

1. 围绕"入市土地哪里来"，创新"三定摸底"模式

针对县域内农村集体经营性建设用地分布零散、

归属模糊、边界混乱的情况，郫都区始终坚持"符合规划、用途管制、依法取得"基本原则，创新实施"三定摸底"模式（即：定基数、定图斑、定规模），在开展农村集体土地"清产核资"的基础上，全面完成对县域内农村集体土地权属关系、存量基础和结构分布的摸底，清晰了集体经营性建设用地供地地块，确保有序开发和合理利用。

2. 围绕"谁来入市"，创新"产权＋实施"双主体

针对农村集体经济组织市场主体资格不足和能力不够的问题，郫都区创新探索了"产权主体＋实施主体"相结合的土地交易市场主体结构。在明确农村集体经济组织成员并将农村集体经营性建设用地以股权形式确权量化到具有资格的集体成员基础上，依托村民自治组建新型农村集体经济组织，作为唯一的农村集体经营性建设用地入市实施主体。按照有限责任公司的基本架构，组建由自然人股东和股东代表，或者其他社会资本参与构成的农村集体资产管理公司，并授权委托其作为土地入市的实施主体，资产管理公司按照现代公司管理制度进行注册登记，帮助集体经济组织实现土地入市和资产运营。

3. 围绕"如何入市",探索多维土地入市路径

一是"企业经营",带动资本下乡。通过对闲置的或整理后的集体经营性建设用地挂牌出让,以社会资本下乡带动农村小范围区域整体发展,探索出"外部资本为引导,业态创新为核心,能力建设为保障和市场力量为驱动"的创新发展新路径,有效盘活土地资源,带动区域农民增收致富。

二是"自主开发",激发村民活力。村集体作为集体土地的所有权主体,集体资产管理公司作为入市实施主体,将集体资产股权量化到符合资格的村集体成员。由村集体对现有的集体经营性建设用地进行自主开发、自主管理、自主运营,以村集体为主体对农村土地进行盘活。

三是"合作共建",共享改革政策。探索建立"村集体和社会资本共同对集体经营性建设用地进行整体利用"模式,采取作价入股的方式,有效减小村集体和社会资本在盘活土地过程中所承担的风险,丰富农村集体土地盘活利用的政策路径。

四是"政府主导",引导产业发展。按照"政府主导、平台运作、市场参与"的原则,探索形成"国有平台公司集中收储水源保护区零星宅基地腾退产生的建设用地节余指标,并将其按规划调整到产业发展

区以集体经营性建设用地方式入市配置与使用"的模式。郫都区通过开展成都市饮用水源生态保护区土地综合改革示范项目,对生态区内的农户进行搬迁,腾退宅基地804.2亩,节余集体建设用地指标799.7亩,将农村集体经营性建设用地指标调整到川菜园区等有条件建设区使用,推动了水源保护区宅基地腾退搬迁工作,实现"腾退指标入市交易—增值收益多元反哺"的生态补偿新思路,建立起市场化、多元化的生态补偿机制。

4. 围绕合理分配收益,创新多元兼顾、多方协调的土地收益分配机制

郫都区始终将多元兼顾、多方协调融入土地收益分配的全过程,形成了涵盖收益核算、分配标准和使用方式等方面的机制体系,建立起兼顾国家、集体、个人的土地收益分配机制。

一是探索合理的土地增值收益核算方式。通过入市土地收益核算、不同交易收益核算等方式,充分参考国有土地出让成本收益的核算思路,采取"成本"逼近法,在扣除各类业务费和应计提的税费后形成较为合理的净收益。同时,明确国家具有土地增值收益享受权。

二是探索对土地增值收益进行"分级调节"。在核算土地增值收益金征收比例上，结合基准地价、规划用途以及入市方式的差异，实行13%—40%的分级计提，按成交价款的3%向受让方征收与契税相当的调节金。

三是探索建立土地增值收益的内部分配"二八原则"。坚持"自主决策、着眼长远"理念，将土地净收益的20%用于集体成员现金分红，80%作为村集体公积金、公益金等，避免分光吃光，保障村民长远生计，促进集体经济可持续发展。

四是探索有效的土地增值收益使用管理办法。明确提取大部分入市收益作为集体经济组织的发展资金，可用于农村基础设施建设、农村产业发展等方面，不得用于投资股市、民间借贷等高风险业务；提取小部分用于集体经济组织生产生活设施改造、新村建设与管理，以上两部分不得低于收益的80%。剩余部分可用于集体经济组织成员或项目参与成员分红，农民和基层集体经济组织基本形成农村集体经营性建设用地入市增值收益分配的"利益共享，持续稳定"共识。

（二）宅基地制度改革的主要做法

1. 探索多种形式落实"一户一宅"

作为宅基地管理的法定根本制度，"一户一宅"是农民取得宅基地使用权、农村集体收回多处宅基地使用权的重要依据。郫都区按照国家法律、法规和试点要求，采取了多种形式保障"一户一宅"制度的落地与落实。

一是推进宅基地确权颁证。按照"一户一宅"的原则，对农户自用的院坝、林盘和房屋占地据实进行确权颁证，以人均35平方米作为标准拨用宅基地，超过人均35平方米部分经集体经济组织讨论同意后作为其他集体建设用地一并颁证给农户，农村散居院落人均确权颁证面积为120—160平方米。宅基地确权登记颁证完善了农村集体土地产权制度，为开展宅基地使用权和农民住房财产权抵押、担保、有条件转让等提供了基础和保障。

二是探索宅基地有偿使用。对初次分配的宅基地，实行规定面积内无偿取得。全面开展由于历史原因形成的超标准占用宅基地、"一户多宅"以及非本集体经济组织成员通过继承房屋或其他方式占用宅基地的清理工作，以2017年12月31日为基准日，以每人宅基地30平方米、附属设施面积110平方米为基数，按每年5—10元/平方米的参考标准收取有偿使用费。

三是引导集中建房。郫都区作出规定，在本轮土地利用总体规划期内，不再进行零星宅基地审批，农村村民新居建设只能在土地利用规划和村庄建设规划确定的新村聚居点，以保证耕地总量不减少、发展用地有保障。以村为实施主体，以企业参与为主要形式，将宅基地复垦后产生的建设用地指标用于在建新区集中建房，结余部分预留5%用于村庄产业发展，剩余部分可在同一乡镇范围内调整使用。通过土地整理结余指标办理"转用"手续使用集体建设用地的，60%的结余指标用于产业用地发展，40%的结余指标允许用于租赁性住房和商业等配套用地。这种模式提高了乡村用地价值，保障了农民和集体经济组织利益，激发了村集体经济组织的积极性，为产业发展腾挪出空间，吸引产业项目在乡村高效聚集。

2. 系统推进宅基地"三权分置"

制定了《农村住房及宅基地使用权流转管理暂行办法》等宅基地改革配套管理办法，搭建交易服务平台，完善不动产登记配套制度和流转交易服务体系，在农民集中聚居区开展宅基地和农房的转让出租和有偿腾退试点，引导集体经济组织成立资产管理公司、农业合作社，流转村民闲置农房和宅基地，发展乡村旅游、民宿康养、艺术文创等新产业新业态。

（三）系统集成土地制度改革成果建设"共享田园"

郫都区依托"绿色战旗·幸福安唐"乡村振兴博

览园，充分运用农村土地制度改革试点成果，创新探索共享经济背景下的"共享田园"新模式，通过整合土地、农房、资产和生产资料、生活资料等全要素共享，引导城市资源、资本、人才、技术等向乡村流动聚集，推动实现创业共享、产品共享、生活共享和生态共享，从而解决好农村"谁种地、如何种好地"，如何盘活利用农村闲置集体建设用地、宅基地等一系列问题。

二 郫都区土地制度改革主要经验和启示

郫都区集成运用农村土地制度改革的创新成果，在多个改革的关键性难点问题上都取得了率先突破，通过充分融合改革政策机遇和试点成果，为乡村振兴战略提供了牢固的体系支撑。

（一）完善产权制度，为乡村振兴提供制度支撑

实现乡村振兴，其根本还是要以农村内部的动力为支撑，而如何打破农村产权制度的约束，正是解决乡村振兴战略以何为支撑的首要问题。郫都区在实施"三项试点"过程中，聚焦关键问题，以深度破解产权制度困境为核心，以完善权能为目的，为乡村振兴战略的实施夯实了制度基础。

一是"清产核资"与"三定摸底"相结合，明晰了资源权与开发权。针对农村集体经营性建设用地分布零散、归属模糊、边界混乱的情况，以延伸"土地入市"为起点，以有效协调土地规划管控为主线，在进一步完善农村集体土地"清产核资"的基础上，通过实施"三定"（定基数、定图斑、定规模），全面完成对县域内农村集体土地权属关系、存量基础和结构分布的摸底，保障了农村集体经济组织的土地资源所有权与建设用地开发权。

二是"成员界定"与"厘清关系"相结合，明晰了成员权与管理权。按照"生不增死不减"的管理原则，试点结合多方意见，制定了农村集体经济组织成员界定办法，组建农村集体经济组织，并搭建起农村"集体三资"综合管理平台。同时，按照"政经分离"的基本原则，厘清农村集体组织与农村集体经济组织、村民与集体经济组织成员之间的组织关系和权责边界，保障了集体经济组织成员个体的成员权和组织的管理权。

三是"自主经营"与"委托管理"相结合，明确了经营权与运营权。针对农村集体经济组织市场主体资格不足和能力不够的问题，试点采取"产权主体"与"实施主体"相分离的模式，在保障农村集体经济组织土地资产权益不受侵犯的前提下，实现了集体土地正常入市交易与经营,保障了农村集体经济组织的自主经营权和委托代理人的运营权。

四是"内部共享"与"外部均衡"相结合,明确了收益权与成本权。在综合分析入市土地价值构成与收益原则的基础上,试点科学合理地进行了内外收益平衡,对内坚持民主决策和收益共享,对外坚持成本追溯和效益兼顾,最终形成了"1∶2∶3∶4"的集体建设用地入市收益分配机制,保障了集体经济组织的收益权和政府公共管理的成本权。

(二)创新治理为乡村振兴提供了组织支撑

为平复因土地入市价值凸显带来的社会矛盾,按照"同步完善、互相促进"的改革思路,试点创新制定了乡村治理"四维模式",即"党建引领+法治思维+民主决策+利益引导"。这为乡村振兴提供了全方位组织保障。

一是"党建引领"夯实了乡村振兴的政治基础。政治基础是乡村振兴的基本生命线,也是农村经济社会发展的生命线。党建引领使农村土地制度改革的推进有了组织核心,确保始终围绕中国特色社会主义道路前进,围绕科学发展观布局,围绕中国具体实际探索，才能保证改革试点是有准确目标的奋进，才能保证在具体试点过程中不变色、不走歪、不畏难、不打折扣。

二是"法治思维"强化了乡村振兴的基本原则。以法治为基础是整个社会良性发展的重要原则，乡村振兴战略成效的好坏很大程度就取决于对法治理念和规则的践行程度。我国农村基层治理一直都坚持民主和法治融合的基本原则。但受传统观念的影响，我国农村基层法治建设相对来说较为滞后。土地制度改革在较大程度上破除了城乡发展的制度壁垒，对农村社会而言，既是机遇又是挑战。以法治思维推动土地改革和基层治理共进，才能切实保障乡村振兴在规范的原则框架下发展。

三是"民主决策"维护了乡村振兴的价值内涵。乡村振兴不是一厢情愿的事情，而是参与主体和利益相关方的公开科学决策，二者互为条件，也互为结果。农村土地制度改革将民主决策纳入组织建设的重要内容，探索形成的"民主讨论、民主协商、民主决策"机制，不仅是改革顺利推进的基本前提，也是对改革目标价值的彰显，为乡村振兴的全面推进做了良好的铺垫。

四是"利益引导"确保了乡村振兴的目标导向。乡村振兴成效的重要价值衡量就体现为利益实现，不仅包括农村集体经济组织的利益，还包括国家利益、农民个体利益和各相关方的利益；不仅包括经济利益，还包括社会利益。土地制度改革试点在利益引导上，既注重土地收益享受的公平，还注重资本风险承担的公平。在分享土地收益方面，建立了以"土地增值收益调节金"为核心的土地收益内外均衡的重要制度性举措，以及集体经济组织内部的收益比例分享模式。在资本风险承担方面，创新采用"两级基金、两项奖励"的市场融资鼓励机制。"两级基金"即产权抵押融资风险分担机制，将农村集体经营性建设用地使用权纳入郫都区农村产权抵押融资风险基金保障范围，由市区两级风险基金对收购处置的净损失按4:6的比例分担。"两项奖励"即对开展农村集体经营性建设用地使用权抵押贷款的金融机构，实施专项奖励和信贷激励，为金融机构和投资人解除后顾之忧。

（三）健全机制为土地制度改革提供体制支撑

为确保试点经验能快速实现在乡村振兴战略上的成果转化，郫都区围绕土地制度改革试点，探索健全了以"党委负责、政府直抓、多方参与"为主线的改革推进机制，为乡村振兴提供了系统而完备的机制体系。

一是创新资源摸底机制，探索了"三定一平台"工作办法。"三定"即"定基数、定图斑、定规模"，按照"符合规划、用途管制和依法取得"三大原则，摸清资源家底。"一平台"即制定完善集体建设用地数据库建库标准，建立规划数据库，为全县农村集体经营性建设用地的有序开发和合理利用提供了精细化、信息化的管理平台。

二是创新规划调控机制，形成了"两规两优"的配给模式。结合县域特点，综合分析市场需求、产业类别、功能分区、基础设施、生态文明等要素，提出了"双层规划＋双重优选"的土地利用管控配给思路模式。"双层规划"即结合土地利用总体规划和城乡建设规划，对农村地区的产业用地进行预留或征占。"双重优选"即同时兼顾土地供给优化和占地项目优选，统筹配置集体建设用地三种入市途径的比例关系，确定用地空间布局。同时，以项目推进为抓手，以产业落地为载体，以市场需要倒逼入市改革，广泛开展产业培育和招商引资工作，注重优质要素的聚集和新兴产业的带动。

三是创新入市交易机制，组建了"两个主体"的结构体系。针对农村土地产权主体实际虚置的情况，通过组建农村集体经济组织作为"产权市主体"，组建新型集体经济组织作为"入市实施主体"的形式，再配合多维入市路径，分别开展就地入市、调整入市、城中村土地整治后入市等攻坚探索，创新形成了多种权属关系下的土地入市交易新模式，有效解决了历史遗留问题。

四是创新收益分配机制，体现了"多方兼顾"的收益原则。试点结合实际，在核算就地入市土地增值收益比例的基础上，参照国有建设用地相关税收要求，按照"分区位、有级差"的思路，计提土地增值收益调节金。同时，按照"着眼长远、多元形式"的思路，推行集体收益"二八开"的内部分配机制。

五是创新合同续期机制，确保了"优先续期"的合理诉求。针对农村集体经营性建设用地入市合同到期后如何续期的问题，参与试点的组织召开多轮研讨会，广泛征求出让方和受让方的意见，以"为制度延续留接口，为子孙后代留空间"的思路，提出"评估在前，优先续期，物权保护，有偿使用"的处理办法，保证了土地出让人的合理要求和土地受让人的合理诉求。

专题报告五

郫都区完善乡村治理机制的实践与经验[*]

---

[*] 赵黎,博士,中国社会科学院农村发展研究所副研究员,研究方向:农村组织与制度、社会治理、合作经济研究。赵朋飞,博士,西南交通大学公共管理学院讲师,中国社会科学院农村发展研究所访问学者,研究方向:区域经济与社会发展。

郫都区既有社群自治的优良传统，又在多年来的社会治理实践中形成了稳健扎实的工作基础，建立了行之有效的工作机制。三年来，郫都区因地制宜，因时制宜，积极探索完善乡村治理体制机制的有效方式和途径，开展以"一核三治"为主要抓手，"三社联动""三治三共"[①]融合互动的乡村治理实践创新，探索出了一条党建引领的共建共治共享的内生型基层治理之路，形成了具有参考价值和推广价值的乡村治理郫都经验。

---

① "三社联动"是指在社区治理中，以社区为平台、社会组织为载体、社会工作专业人才为支撑，实现"三社"相互支持、协调互动、多方参与的治理机制。"三治三共"分别是指"自治、法治、德治"和"共建、共治、共享"。

一 郫都区农村基层治理的实践与创新

郫都区是全国农村改革试验区承担"健全党组织领导下的自治、法治、德治相结合的乡村治理体系试验任务"的早期试点单位之一。三年来，郫都区积极推进党建引领的示范社区建设，以点带面、点面结合，指导街道、村社推行"五线工作法"①，推动社区治理的发展与实践创新。坚持党建引领、文化筑底，多措并举抓好党建，促发展；运用协同思维，探索协同共治路径，完善乡村治理体制机制；推进自治、法治、德治相结合的城乡基层治理体系建设，将城乡社会治理重心下移，建立民主协商对话机制，应对群众诉求，化解基层社会治理难题，不断推动城乡基层治理实践创新。

---

① "五线工作法"是指"凝聚党员线、健全自治线、发动志愿线、壮大社团线、延伸服务线"。

（一）党建为民：牢记嘱托，感恩奋进，文化筑底，打造"红色引擎"

2018年2月，习近平总书记到郫都区战旗村视察，殷切嘱托"继续把乡村振兴这件事做好，走在前列，起好示范"。三年多来，郫都区坚定不移地落实习近平总书记的重要指示，牢记嘱托，感恩奋进，将党建工作作为实施乡村振兴战略头等大事，勇于自我革命，敢为天下探索，做好基层设计，闯出了一条人民广泛参与的特色党建之路。

1. 激发战气，党组织敢为天下先

乡村振兴建设动力关键在"气"。为进一步激发基层党组织和党员队伍的"战气"，培育大格局、大胸怀、大担当的党员干部，落实习近平总书记"继续把基层组织建设好、火车头作用发挥出来"的重要指示精神，强化党员为民服务意识，郫都区喊响"带头干跟我上"口号，深入开展"不忘初心、牢记使命"主题教育活动，建设"红色战旗"党建展览馆和乡村振兴博览馆，开展"重走红色线路"系列教育活动。组建党员志愿服务队，落实党员干部"六带头"。建立五村连片发展联合党支部，新建四个"两新"党支

部，率先探索村级后备干部"选育炼用管"五步工作法。深化"三问三亮"，持续开展"三固化四包干"工作，打造全国党建标杆，建成以党组织为核心的农村基层组织。选好配强以党组织书记为主的乡村振兴带头人，建设一支懂农业、爱农村、爱农民的党员干部队伍。目前，全区已累计吸引近千名返乡大学生、企业家入选村级后备干部人才库，择优选任40余名有冲劲、有情怀的干部担任党组织书记，有10余名党支部书记成为远近闻名的"网红书记"。

突出基层组织建设。打造红色引擎，基层党建是根本。郫都区深入推进企业、合作社、社会组织的党组织和工作"全覆盖"，构建"村（社区）党组织＋'两新'党组织＋其他党组织"发展共同体；全力推进党支部"达标晋级"规范化建设，创立软弱涣散基层党组织整治"五步工作法"，积极推进农村党群服务中心"亲民化"改造，进一步让群众熟悉组织、理解组织、亲近组织、融入组织，使得基层党组织的组织力、引领力、影响力显著增强。

激励党员干部作表率。对党员进行三问三亮，即：入党为了什么？作为党员做了什么？作为合格党员示范带动了什么？亮身份、亮承诺、亮实绩。择优遴选优秀党员进入区级后备干部人才库，开展村（社区）党组织书记"精准提能"培训，选优配强党组织书记、推优育强党员队伍。在全区喊响"带头干跟我上"口号，建立村社干部日常走访群众常规机制，及时了解群众最新需求，第一时间解决群众提出的问题，切实做到情为民所系、权为民所用。

强化长效机制保障。精准落实"三固化四包干"，即固化人员、固化时间、固化地点；宣讲政策包干、督导工作包干、解决问题包干、办好实事包干。截至2020年10月底，全区共推动近150名区领导、局级干部和3000多名党员干部下沉村（社区）一线，建立起"村（社区）—街道（镇）—区"三级联席会议制度，在问题收集、隐患排查、矛盾化解等方面，统筹推进各项工作。通过走访联系群众，到2020年10月底已解决问题近5万个，全区信访总数明显下降。落实党建"1+6"机制，健全党组织书记党建述职制度，压实党组织书记守土职责。建立健全村级监督管理机制，规范村（居）委会、议事会、监委会等的职能职责，加强纪检常规巡察，创新"巡镇带村""巡部门延村"等巡察制度，确保党建标准不下降。

2. 文化筑底，党建耦合传统文化

党的十九届五中全会从战略和全局上对文化建设作出规划和设计，明确提出到2035年建成文化强国。自2018年习近平总书记到郫都区视察以来，郫都区

委、区政府坚持以习近平新时代中国特色社会主义思想为指导，以社会主义核心价值观为引领，传承弘扬传统文化，将院落文化、农耕文化、礼节文化、孝德文化等传统文化与党建相结合，巩固党组织基层堡垒，全面促进乡风文明建设，乡村文化阵地与家风家训家教建设成效显著，走出了一条党建引领传统文化、传统文化支撑党建、党建与传统文化相辅相成的和谐治理之路。

以社会主义核心价值观为引领，着力培育新时代文明乡风。充分运用公益广告、文化活动、核心价值观生活场景打造等形式，加大宣传引导，运用典型案例、真实故事深入开展理想信念教育、形势政策教育，推动核心价值观深入乡村。充分整合党员夜校、讲习所、道德讲堂、文明市民大讲堂、志愿服务站等载体，积极打造区镇村三级新时代文明实践中心，加强对习近平新时代中国特色社会主义经济思想、习近平生态文明思想、习近平总书记对四川及成都工作系列重要指示精神的宣传教育，不断增进村民对习近平新时代中国特色社会主义思想的政治认同、思想认同、情感认同。

举办文化学术研讨交流会，发掘提炼城市文化内涵。通过举办"扬雄文化国际研讨会""望丛文化论坛"等文化学术研讨交流会，升华"创新、开放、智慧、勤奋"城市精神内涵。加强国学教育,推广战旗村"村(社区)+社会组织+专业社工+志愿者"的四社联动模式,让国学教育进课堂、进村(社区);在乡村振兴各示范村、绿道、公园、社区、广场等场地重点打造核心价值观示范基地。大力实施农村文化礼堂建设,努力使农村文化礼堂成为丰富农民精神文化生活、推动乡村文化兴盛、弘扬乡风文明的文化地标、精神家园。

成立道德评议委员会,积极培育好人文化。由街道分管精神文明建设领导、街道基层干部、村(社区)书记(主任)、德高望重的老党员、老干部、乡贤代表和各类先进典型代表组成道德评议委员会,挖掘各类先进典型人物,积极培育好人文化、道德文化,持续开展"十百千"新乡贤、"十佳村(社区)党组织书记"等评选活动,通过多种形式传播好人事迹、弘扬道德精神,引导乡贤等典型人物以其文化道德力量教化乡民、反哺故土、促进党建、优化治理。

开展好家风培育活动,以家风促进党风党建。按照"天下之本在家"的理念,持续开展"传家风、立家规、树新风"活动。由各街道党工委书记、街道办主任,各部门党组书记、局长带头,在全区各村(社区)讲习所、党员夜校、农民夜校、道德讲堂、农家书屋、综合文化站开展以"传承优良家风·推动乡村振兴"等为主题的讲座和巡演，深化文明家庭、"星级文明户"创建，弘扬尊老爱幼、妻贤夫孝、母慈子孝、兄友弟恭、耕读传家等系列中华民族传统家庭美德，用家庭和睦推动社会安定，用家庭幸福促进社会祥和；以好家风促进党风政风，带动社风民风，推动全区形成良好家风、淳朴民风、文明乡风、廉洁政风、实干党风。

（二）协同治理：推动多元主体的合作与联动

郫都区在三年来的基层社会治理实践中，通过完善基层社区组织架构，推动社区、社会组织、社会工作"三社联动"发展机制，打造精细化网格化管理体系，健全基层公共服务体系，形成汇聚多元主体联动协同治理的新格局，构建起权责明晰的基层治理体系，为创新基层治理和公共服务供给提供了坚实的组织基础和社会基础。

1. 不断完善基层社区组织架构，筑牢共建共治共享组织基础

构建村级事务民主协商共治平台。在基层社会治理实践中，郫都区不断推动村民自治组织和其他社区组织、社会组织等多元主体参与基层社会治理的制度化、规范化建设，不断健全公共事务议事、决策和监督制度。在建设"城市公园"过程中，为有针对性地协商和解决村民关心的焦点和难点问题，一些村民委员会设立环境和物业管理委员会、观光农业景区协调管理委员会、人民调解委员会、治安保卫委员会、公共卫生委员会等各类机构，由其牵头解决与其职能相对应的问题。这些专门机构的成员，通过民主选举由村民委员会成员和村内其他相关人员担任。在青杠树村，村上一度存在事多人少、群众自我管理能力弱、村上大包大揽、干部务虚多等问题，需要得到有效解决。为此，青杠树村立足村民委员会的职能，组织开展服务性、公益性和互助性活动，推行"群众事群众议群众干"，激发村民参与村庄治理的主动性和积极性。一方面，实行村民院落自治，逐步完善村党支部为核心，村委会、村议事会、村监事会、村民代表、社会组织共同参与的"一核多元、共治共享"的基层治理机制；另一方面，大事难事由村民做主，集体协商讨论制定了新村建设前中后13项建管制度，在新村规划建设、工程质量监督、房屋分配中实现了过程公开透明，实现了村庄协同治理的高效和有序。

形成"打平伙·九大碗"环境治理模式。在农村人居环境整治中，先锋村借鉴习以成俗的"打平伙·

九大碗"模式,创造性地构建政府引导、村委主导、群众主体、乡贤带动、多元参与、各方出力的共建机制,将环境整治归纳为村"两委""四道菜"、村民"五道菜",办成环境共治"打平伙·九大碗"模式。通过明确村(社区)与村民的分工,激发了村民参与环境整治的主动性和创造性,提升了人居环境整治工作成效,实现了院落整治和美好社区的共治共建共享。

探索"社区合伙人"制度。郫都区通过搭建"社区+群团+社会组织+社会企业+N"乡村互助善治体系,规范"社区合伙人"参与社区发展治理机制,把爱心企事业单位、爱心商家、社会组织、爱心个人等紧密团结在一起。通过建立亲密的"伙伴关系",为群众提供"公益+低偿+有偿"的高品质服务,实现社区公共空间可持续运营,激发社区公益活力。到2020年10月底,全区已聚集各类"社区合伙人"800余个,成立14个镇级关爱援助站,建成67个社区老年日间照料中心,新启动47个社区老年日间照料中心、6处社区微型养老机构、2处医养结合社区养老院建设。平乐村在推进君平故里景区建设中,采用"政府指导,党组织主导,社会资金跟进,党员带头,普通农户参与"的合作模式,探索社会组织协同治理的有效途径,推动平乐村作为唐昌国家农业大公园重要组成区域的文化振兴与乡村旅游发展。

建立多元保障机制。一是财政资金支持。郫都区每年整合财政资金8000万元投入环境整治，引导集体经济组织和其他社会组织参与，组织动员镇村干部、党员带头参加，形成了"乡贤出智出策、大户出钱出材、人才出技出艺、农户出工出力"的多方共同参与机制。二是实施社区造血增能计划。制定激励政策和扶持办法，整合政府资源，支持社区以股份制、众筹、资产入股等方式，发展生活性服务企业和社会企业。三是开展社区营造行动。为充分发挥社会组织在社区发展治理中的积极作用，三年来共实施了160余个社区营造项目，涉及资金1400余万元。2020年，新增预算260万元，重点扶持10—15个基层社区营造项目，街道、村（社区）对扶持点位进行相应资金配套。

2. 依托"三社联动"，促进基层治理主体多元化

引入专业社工机构参与基层治理。按照"三社联动"工作计划，郫都区在12个街道的13个村（社区）积极开展社会工作服务项目，通过社区、社会组织、社工人才的有序互动，创新农村基层治理方式，增强基层社会组织参与治理的活力。为促进社会组织在农村提供服务，实施"社区营造""公益创投""社区基金"等项目，通过保障资金购买多项社会组织服务。"三社联动"推动了社会组织在基层社区开展社会服

务、社会救助、社区融合、基层民主管理能力提升等各类公益活动，促进了农村专业社会组织、专业经济组织和公益性社会组织蓬勃发展。通过社区、社会组织、社工人才的有序互动，引导其提出社区公共议题、实施营造项目，培养社区居民共同体意识，让农村基本公共服务和社会治理的参与力量更加多元化，促进了农村社会服务的自我供给，激发了农村社会的内生动力。

培育发展社区社会组织。建立多层次社会组织服务平台，实现社会组织服务的专业化和精准化。引入社会企业、社会组织等主体成为社区治理"合伙人"，为社区和居民提供空间、资金、技术、信息、人才等服务，大力培育社区自组织，促进公共服务的可持续发展。截至2020年10月底，郫都区培育社区社会组织680家，"O2O＋社区"模式覆盖率达93%，村民主动参与社会治理率、满意率均达90%以上。永安村和原临石村地处成都市饮用水水源保护区，为做好水源地管护工作，永安村和原临石村引入成都城市河流研究会，探索水源地清源环保管理模式，推动社区自组织参与、带动群众参与，培育出临石、永安两支片区水源地护水队。青杠树村引入博益社工组织，组建老体协、广场舞蹈队、青年促进会、志愿服务队、院落自治委员会等，建立了村民自我服务、自我管理的长效机制。战旗村党总支从基层党建和服务群众多样化需求入手，综合利用社工专业服务的优势，建立起社会组织孵化扶持、备案管理、组织运行工作机制，为支持社区社会组织参与社区公共事务和公益事业提供制度支持；适时将自娱自乐型的社区自组织转化为服务型、公益型、互助型的社区社会组织和志愿服务组织，为村民提供维护院落卫生秩序、扶老助困、关爱儿童、残疾人康复等志愿公益服务。到2020年10月底，战旗村已培育孵化"耆英汇社区舞蹈队""社区妈妈服务队"等多个社区社会组织，挖掘村民骨干20余人，有效推动了社区治理效能的提升。

建设专业化和职业化的专职工作者队伍。为提高在村（社区）工作的专业社工人员的职业素养，郫都区制定了落实社区专职工作者政策的实施方案。根据村（社区）专职工作者的岗位特点、受教育程度、相关专业水平等，建立村社区专职工作者岗位与等级相结合的职业发展体系，为加快构建结构合理、来源广泛、素质优良的专业化、职业化村（社区）专职工作者队伍提供了政策依据。

实施社区志愿服务提升计划。郫都区积极整合志愿服务资源，推动社区志愿服务常态化和制度化。在村（社区）自组织培育中，永安村和原临石村社区志愿服务组织持续壮大，新组建的永安村志愿者队伍骨干已达80余人。志愿者队伍分为垃圾管理小组、农业危废物管理小组、农家堆肥示范小组、生态农业示范小组、文艺创作宣传队、疫情防控宣传队、河道清源行动队等志愿服务团队，各司其职、协同协作。志愿护水队规定，每月20号与22号分别为临石片区和永安片区固定护水日。护水志愿者的清源、宣教活动，使社区环境大为改观，每次清源行动收集到的不可利用垃圾达100公斤以上，全年处理垃圾达2000—3000公斤，村民环保意识不断提升。青冈村依托党员志愿者、退伍老兵志愿者、老体协志愿者、法律宣传志愿者、五老乡贤志愿者等群体，组建社区发展治理志愿者队伍，打造出一支专业化、规范化的志愿者队伍。此外，一些地区引导中小学生、机关企事业单位工作人员参与社区志愿服务。永安村引导唐元小学学生从小学习生态环境知识，积极参与"家校社共育""大手拉小手、共护水源地"等活动，壮大了村（社区）小小志愿者队伍，水源保护成为村民与孩子日常生活与茶余饭后的话题。

3. 强化网格化管理，推动基层治理与服务供给的精细化和精准化

落实和创新网格化管理机制。郫都区在社区治理实践中，将综治网格与服务网格结合起来，走出一条

"双网强基"的治理新路，切实推动了乡村治理重心下移。为落实网格化管理，青冈村和原梅花村对河道淤堵、生活垃圾排放、违章搭建、盗窃事故、垃圾桶起火、电杆断裂、电线短路自燃、村民纠纷等事项建立起预警、防范和排查机制，达到社会治安综合治理有效的目的，助推平安乡村建设。平乐村建立以网格长、书记、主任、人大代表、网格员、社区民警、社区医生、法律顾问、社工为成员的村网格管理体系，形成了强大的社区治理网格力量。战旗村从村（社区）到社（组）纵向构建起四级网格，合村后的新战旗村作为第一级网格，战旗和金星两个片区作为第二级网格，战旗居民小区设立第三级网格，小区里面进一步划分第四级网格。严密高效的网格化体系积极回应和处置村民反映的问题和诉求，充分发挥基层社会治理的平台作用，全面实现了乡村综治从末端治理向源头防控的体系建设的转型。

构建社区社情民意指数统计分析。郫都区通过整合网络理政、信访、公安等多部门数据，建立社情工作统一推进机制；通过分类处理回访、研判运行，建立"社情"实时收集汇总分类处理回访机制，定期发布"社情民意指数"和社区社情分析报告，全面掌握社情民意，为科学决策提供依据。截至2020年10月底，已累计发布月报、季报、年报30余期，反映、处置问题6万余件,促进了社区治理向更加精准化和精细化方向发展。

4. 健全基层公共服务体系,创新基层公共服务供给体制机制

构建简约高效的社区基层服务体系。郫都区深入推进村级公共服务和社会管理改革,着力打造开放共享的基层管理服务平台。青冈村以党建为引领,成立经济、治安、文化、廉政、环境、法治六个建设小组,集结自治组织、社会组织、集体经济组织和群众组织的力量,形成以党支部为中心的社区发展治理同心圆。在村(社区)体制机制改革中,战旗村以村党委为核心,下设村民委员会、综合办、产业办、景区办、环境办、社事办、财务办7个办公室,同时将综合办、社事办和财务办纳入党群服务中心,为社区居民提供专业化服务。便民服务站提供可以直接办理或代为办理的77项民生服务,包括人力资源社会保障类服务29项、民政类服务17项、卫生计生类服务11项、残障类服务9项、微服务和其他社会服务5项、老龄类服务2项、户籍管理类服务2项、房管类服务1项以及教育类服务1项,大部分服务事项都能够得到即时办理。

建立功能完备、安全高效的服务配套设施体系。

在公共服务和社会管理设施配置标准化建设过程中，郫都区统筹实施了9600余个农村基础设施和公共服务项目建设，创新开展"互联网+村公"的管理模式，基本实现了农村居民办事不出村、群众享受"10分钟生活圈"的便民效果。石羊村与普兴村合并后的新石羊村设立家门口服务站，提供共享农具、共享银行、共享图书、共享联网报警、生活缴费、事务办理等服务，成为党群联系驿站、社会服务工作站和村民需求解决点。针对子女外出务工、行动不便又不会使用智能手机的居家老人群体，村"两委"为每个院落老人配备呼叫机，提供全天候应急救助服务。老人遇事一键呼叫，村网格员和监事成员接听到警报后，可根据呼叫机显示编号第一时间赶到相应院落排查问题，全村形成一个"最迟五分钟、覆盖十公里"的智能呼叫联网报警系统，建立起"村民有需求、干部上门服务"的服务模式。

（三）三治融合：推动城乡基层社会治理体系现代化

在加强和创新社会治理的工作实践中，郫都区坚持以和谐善治为目标，健全党组织领导的自治、法治、德治相结合的城乡基层社会治理体系，统筹"新村民"、市场主体、社会工作者、退伍军人和志愿者等多元社会力量参与社会治理,夯实基层治理基础,完善群众参与基层社会治理的制度化渠道,实现政府治理同社会调节、居民自治良性互动,在规范社会行为、调适社会关系、平衡社会利益的工作实践中,努力构建起人人有责、人人尽责、人人享有的社会治理共同体。

1. 因地制宜探索村民自治模式创新

深化村民自治实践。郫都区在村民议事会基础上,广泛吸纳各类社会组织、业主委员会、物业公司、驻村(社区)单位、农村集体经济组织、农村合作组织及其成员参与协商。石羊村合村后,组织石羊坝坝会,构建村民沟通交流平台,促进新老村民之间融合交流,提升了村民对村落的认同感和归属感。在环境整治中,石羊村利用整治出来的大片水域建设湿地公园,村党员带头,村民自愿参加,建设湿地公园所需钱、地、力,全部由村"两委"与村民筹集,形成众筹治理的建设发展模式,以此为契机走出一条村"两委"与村民"抱团取暖"的内生型发展道路。柏木村组织开展"我为柏木点盏灯"活动,发动村民每户筹资100元并自愿承担电费,实施全村各主要道路和院落简易路灯安装工程。青冈村为修缮21组与22组交界处毁损的生活便桥，通过筹资酬劳的方式，仅用4天时间就完成工期，短时间、低成本地解决了群众的生活诉求。临石村水源地巾帼护水队的队长由村民自主选举产生。巾帼护水队成立五年来，始终践行"自己家园自己管理"的村民自治理念。随着郫都区村民自治实践的不断深化，村民成为村庄治理的参与者、支持者和实施者。

创新村民议事和参与形式。柏木村探索出一条"民事民评、民事民议、民事民办"的"三民善治"模式。在"民事民评"上，结合"流动党课进院落"活动，在全村16个社召开坝坝会，广泛征求村民意见和建议，梳理出导致乡村治理困境的20余个突出问题后，按照村民关注热度、受益广度、解决可行度三个标准拟定解决问题方案，分层分类召开社长会、党小组长会、村民议事会，修改完善解决方案，充分做好村民思想沟通工作，广泛凝聚发展共识。在"民事民议"上，通过民主协商、直接选举，选出由党员、德高望重的村民、致富带头人为主要成员的村民议事会成员51人，建立村民议事会成员直接联系群众机制，每名议事会成员联系10户村民，每周走访联系村民、收集意见和建议、宣传涉农政策、向支部反馈情况。在"民事民办"上，针对村民集中反映的入户道路等事项，通过村民筹资筹劳、村集体资金补助、向上级争取支持等办法，发动村民筹资14余万元，完成9条共计2800米的入户道路路基建设，村集体筹资200余万元，完成村主要道路建设7000米，全村路网初步形成。

推动社会治理重心下移。为应对统筹城乡改革试验中形成的农民集中居住区治理的需求，郫都区探索农民集中居住区管理模式，组建院落（小区）自治组织，在农民集中居住的院落或小区开展准物业服务。首批启动创建47个"美丽蓉城·宜居乡村"示范村和134个"美丽四川·宜居乡村"达标村，划定责任区域由农户自主落实管护责任，成立院落自治委员会，由院落自治委员会成员民主选举院落长。在院落（小区）治理中，以院落（小区）党支部为核心，成立院落（小区）议事会、管委会、监事会，督促群众自家院落自家扫，美化房前屋后，分类投放垃圾，团结邻里，不传闲语，不闹纠纷，培育集中居住区村民的公共意识，逐步实现了农民集中居住区的有效治理，改善了集中居住区管理秩序、环境、卫生、安全等治理难题。

2. 多措并举推进法治乡村建设

不断完善法治建设体系。在构建公平正义的法治保障体系中，郫都区将端口前移，将力量下沉，创建"一所一品"警务。建立"社区警务前移"制度，在村（社区）设立警务室（站），配备民警等专职力量，打造"家门口的派出所"。统计显示，全区违法犯罪警情2020年已同比下降50%。战旗村推动战旗警务室前移，村"两委"与村警务室、党员之家共同搭建法治信访平台，法治乡村建设、平安乡村建设实效惠及村民。青冈村将雪亮工程监控平台、网格化数据管理中心、社区综治服务中心结合起来，形成智慧管理综合平台，搭建起"村情一秒通"智慧服务中心，依托视频监控系统和网络信息管理系统，及时反映社区网格动态，促进基层社会治安防控智能化、法治化和专业化。

创新农村普法形式。郫都区在推进农村法治宣传过程中，将法律知识宣传与农民日常生活相结合，向群众宣传与其生活息息相关的法律知识，解答纠纷调处相关的法律手段，以此提高村民的法律意识。通过加强新农村法治宣传阵地建设、新旧媒体宣传相结合、开展法治专题培训活动、培育法治文艺宣传队、编排法治小品相声文艺节目等形式，实现了普法宣传形式的多样化。研发智能法律机器人"郫晓法"，建立线上"法律明白人"普法微信群，开设线下"坝坝讲法"和农民夜校法治课程等，丰富了农村普法宣传形式。青冈村依托扫码听声"云普法+"项目，利用互联网、新媒体等技术，形成立体化普法的工作机制，激发群众尊重法律的意识和依法治理的认知。

提升公共法律服务水平，建立多元化纠纷化解机制。郫都区实现191个村（社区）法律顾问全覆盖，建立了90个法律顾问微信群，通过"线上＋线下"培养村民的法治思维习惯，提高了村民的法治素养和维权能力，提升了公共法律服务水平。整合派出所、司法所、律师事务所和人民法庭的资源和力量，创新"三所一庭"联调模式，将法律咨询、人民调解、现场庭审有机结合，有效提升了矛盾纠纷现场化解率。2019年，全区累计调解纠纷1008件，调解成功953件，成功率达94.5%。青冈村建立"百姓纠纷大家评"工作机制，将百姓诉求登记、矛盾纠纷走访调查、矛盾纠纷评议内容以及形成的调解结果等，涵盖调前、调中和调后的调解过程与调解团人员名单进行公示，通过群众评理和舆论解决矛盾纠纷。柏木村建立"村长茶馆"平台，全面真实了解民情民意，解决问题、化解矛盾。战旗村成立法治信访中心，组建"红色调解队"，开展群众纠纷评理、心理辅导服务，将调解工作延伸至村民生产生活的各个方面。

3. 依托德治构建"共建共治共享"社会治理共同体

强化村规民约的引导和约束功能。针对村级公共事务，在院落（小区）和农民集中居住区普遍建立了以村规民约或院落（小区）公约为主要形式的社会规范，以立约形式规范村民行为，有效增强农村基层社会自我调节能力。部分院落（小区）将是否遵守村规民约与年度集体收益分红或获得其他村庄福利挂钩，增强了村规民约的约束力，促进了乡村良好道德新风尚的形成。战旗村以村规民约共治大操大办、重殓厚葬、封建迷信、聚众赌博等陈规陋习，移风易俗成效显著。

培育文明乡风行动。郫都区开展丰富多彩的文明乡风培育活动，构筑起乡村德治的重要保障，提高了村民的综合素质，有力促进了村风、民风的提升，爱护公共卫生、遵守社会公德、维护公共秩序的良好氛围正在形成。战旗村将社会主义核心价值观、传统优秀文化、法治文化融汇成心口相传的"战旗快板"。青杠树村、青冈村等以国学课堂、道德讲堂、市民友善优雅大讲堂等为平台，开展社会主义核心价值观教育示范活动。先锋村整治空置村小，将其打造为社会实践基地和青少年培训、会议座谈的平台。永安村通过"坝坝电影"放映的形式，在回顾川西农村传统记忆、唤醒居民对美好家园的爱护与期望的同时，通过文艺活动宣传护水精神与环境治理技术，培育起村落居民三代护水信念。

此外，不同村（社区）通过凝聚退伍军人的力量，打造了基层社会治理新引擎。青冈村组建退伍老兵议事团，让退伍军人在乡村治理中发挥更大的价值和作用。石羊村利用"建军节"等节庆日，邀请退伍军人为年轻村民做主题报告，与志愿者一起唱红歌，宣扬时代主旋律，成为发动村民、联结村民情感的纽带。

建立崇德向善的激励机制。在村落、小区和农民集中居住区，建立"积分制""时间银行"等激励机制。村民的组织实践与社区参与被纳入到社会信用体系中。先锋村开办"农夫生活信用社"，对照十条村规民约，进行一月一考核、一月一公示、一月一兑换，考核涉及院落卫生、垃圾分类、孝敬父母、团结邻里、支持村集体工作、好人好事等方面，通过考核积分，村民可以凭兑换物品清单于每月"积分兑换日"当天兑换相应的物品。永安村为建设垃圾回收处理综合体，推行积分制，激励村民把烂菜叶等可用于堆肥的垃圾送到垃圾综合体，堆肥由无偿变为有偿，村民凭积分不仅可以到村办农副产品展示厅换取相应食品，而且还可以共享水绿、天蓝的洁净家园。

二 郫都区完善乡村治理体制机制的基本经验

（一）抓好支部建设，深植文化底蕴，建设法治环境

一是发挥村及党组织"核心引领"作用。村及党组织作为基层一线党组织，上接乡镇党委，下连普通民众，既负责上级党委下达事宜，又肩负普通民众殷切期望，人少事多，牌小任大，直接代表党委政府形象。因此，必须抓好村支部建设，培养既懂经济又懂政治、既懂业务又懂党务、既懂专业又懂管理的基层干部，尤其是选好用好支部书记，鼓励其带领群众大胆创新改革，发挥火车头作用；实施"摸找选育炼用管"七步工作法，建立村级后备干部人才库，开展党组织书记后备干部培养，确保后继有人；抓好基层党员干部业务培训，注重理想信念教育，确保党员带头

示范，让带头示范具体化、可操作、可量化、可考评，确保其率先参与，率先示范。

二是提升乡风文明，推进党建融合传统文化。文化是一个国家发展、民族生存更基本、更深沉、更持久的力量，要重视区域传统文化研究，发掘圣贤名人等人文资源，继承和发扬优秀传统文化；要善于融通社会主义先进文化与优秀传统文化，取长补短，提升文化建设投入，扩大文化供给，以文化人，以文促建；坚持社会主义核心价值观教育，通过教育培训、竞赛活动、文化节、大讲堂等形式大力宣传普及有助于党组织建设及村庄治理的耕读文化，凝聚文化共识，让本土文化源远流长，让党建成功扎根本地。

三是强化基层依法治理，建设良好法治环境以助党建。依法治理是国家和社会治理的基本方式，是最稳定、最可靠的治理，也是基层党员干部依法办事、做好示范的基本保障。坚持端口前移、力量下沉，提供"一村一站"法律服务，组织法律工作者与村（社区）结对，实现"一村（社区）一法律顾问"全覆盖。建立"社区警务前移"制度，打造"家门口的派出所"。创新"三所一庭"联调模式，整合派出所、司法所、律师事务所和人民法庭资源，将法律咨询、人民调解、现场庭审有机结合。通过建设村社良好法治环境，提升村民法律意识，促进党员干部依法做事，推进了基层党组织建设。

（二）坚持"三治"融合，完善乡村治理的制度框架和政策体系

在村（社区）体制机制改革中，郫都区准确认识和主动适应经济社会结构的深刻变化，把党的领导落实到基层社会治理中，坚持自治、法治、德治相结合，通过深化村民自治实践、推广"三社联动"、加强法治乡村建设、提高村规民约约束效力、挖掘传统文化等方式，不断完善乡村治理的制度框架和政策体系，实现治理形态再造，为推动社区治理创新、助力乡村组织振兴提供了有益的经验。在深化村民自治实践中，青冈村、石羊村、柏木村等"众筹治理"的做法以及通过成立业主委员会、院落自治委员会等群众组织实现小区（院落）自治的做法，为全国其他地区丰富村民自治实践、推动社会治理重心下移带来了川西经验。

郫都区社会组织能够获得较好的发展空间，在于村庄治理中社会组织能够获得与其职责相适应的话语权，可以获得践行公益意识的自主空间。郫都区"三社联动"增强基层治理活力的做法启示在于，在基层社区内部的权力构造和社区营造过程中，社会组织应该与社区自治组织一道，引导社区居民逐步形成民主

意识，为居民常态化参与社区公共事务、提升社区公共精神奠定基础。在构建充满活力、和谐有序的乡村社会中，村民自治组织与各利益相关方协同合作，可以有效提高基层公共服务和公共管理效能。各类社区组织以及由此带动起来的广大村民应该成为乡村治理的有生力量。他们深度参与到乡村振兴与社区营造过程中，有助于多层次基层协商格局的形成。

郫都区加强法治乡村建设经验给我们的启示在于，法律宣传、公共法律服务要立足于群众的需求，适应经济社会条件的变化，充分运用新技术手段不断推陈出新；在利用国家司法资源的同时，要充分挖掘和利用本土资源，因村而异，建立多元主体参与的高效、公平的矛盾纠纷化解机制。

郫都区德治实践揭示了社会治理应遵循的一项原则。习俗与舆论是人们在长期的生产生活实践中形成的行为规则、习惯性社会规范，它们不具有强制性的效力，但却是规制法外空间所必需的，是维护社会公序良俗、保障社会治理有效的非正式制度的重要组成部分。在基层社会治理中，村民自治体系化建设需要处理好国家层面规范、地方层面规范与村规民约这三者之间的相互关系。青冈村、先锋村、平乐村等示范村庄着力提高村规民约的针对性和实用性，在法律法规的框架内，结合多数群众的意愿形成制度性体系，建立道德激励约束机制，强化道德教化作用，约束和规范全体村民的行为，充分发挥出其在乡村治理中的积极作用。

此外，针对区域差异性，郫都区不同村（社区）在传承农耕文化、君平文化、扬雄文化等乡村善治优秀传统文化的基础上，进一步挖掘独特的文化资源，探索以文化融合助力基层治理的有效模式，逐步形成了具有参考价值和推广价值的乡村治理地方经验。

郫都区的乡村治理实践表明，以党组织为核心建立乡村基层组织与利益相关者的合力机制，坚持并深化"自下而上"的制度创新与"自上而下"的政策改革相结合的社会治理体系，让乡村发展和社区营造充满生机和活力，是郫都区乡村治理创新中最具生命力、最具实践意义的一种机制。

（三）坚持群众参与，推进基层社会治理创新

郫都区在探索和完善乡村治理体制机制过程中，开展了许多富有成效的实践探索，农村基层组织载体日益健全，以群众参与、共创公共空间为导向的基层社会治理模式基本确立，村民的权利观念和民主意识发生深刻变化，参与方式不断得到完善，使政府从基

层社会治理的单一主体转变为主导力量和兜底保障，形成了以"打平伙·九大碗"为代表的协同共治基层治理实践，初步构建起共建共治共享的基层社会治理新格局。郫都区强调群众参与社会治理的做法表明，通过支持和鼓励各类社会组织、专业社区自组织和社工人才参与乡村治理实践，可以有效培育社区社群共同体；通过充分动员返乡退伍军人、青年企业家、外出务工人员和其他"新村民"参与治理，可以有效增强乡村社会治理的内生力量，激发村民的社区认同和文化自信；通过"村长茶馆""百姓纠纷大家评"等平台和载体，可以彰显群众主体地位，进一步完善协商民主和利益表达机制；通过强化网格化治理的集体决策机制，可以提升村民参与公共事务的意识和能力，有效实现政府与社会之间的良性互动。

（四）坚持示范引领，释放乡村善治"乘数"效应

在建设市级示范村和区级示范村过程中，郫都区从经费补助、资源联结、业务指导上对其给予支持，通过以点带面，充分发挥示范村的引领作用。在实现乡村治理现代化的实践探索中，柏木村的"村长茶馆"工作平台、青冈村的"百姓纠纷大家评"、先锋

村的"农夫生活信用社"、永安村的"垃圾分类堆肥积分制"等，在完善基层群众参与治理方式、创新村民议事协商形式和现代乡村治理手段上，起到了突出的示范作用。在生态治理中，永安村护水队的做法得到推广，通过柏条河沿线上下游不同村社协同护水，形成了共同保护成都水源地的村庄治理合力机制。村民自治组织职能与作用拓展、"三社联动"参与治理模式、公共法律服务供给方式、矛盾纠纷化解机制、乡风文明培育提升行动、村规民约有效规制等治理实践在示范村的践行，可以为其他村（社区）探索符合自己现实发展的社会治理模式提供参考，推动有效做法和有益经验在村（社区）之间相互效仿和借鉴。郫都区社会治理实践与探索的启示表明，在加强和创新社会治理过程中，应该特别发挥典型引路、示范引领的作用。在以点带面的基础上实现点面结合，将可复制的做法和经验在全域范围内推广，可以降低社会治理的成本，提高社会治理的效能，为善治乡村建设奠定群众基础和制度基础，从而体现出乡村善治的"乘数"效应。

专题报告六

郫都区推进乡村人才振兴的实践与经验[*]

---

[*] 芦千文,博士,中国社会科学院农村发展研究所助理研究员,研究方向:农业经营组织与制度。

人才是乡村振兴的关键，也是实施乡村振兴战略亟待破解的最大难题。郫都区全面实施乡村振兴战略，需要大量的人才支撑。郫都区从人才流动规律出发，以人才返乡下乡为主攻方向，坚持"引、育、用、留、管"的统筹谋划、一体布局，破除人才城乡流动的制度壁垒，营造干事创业的良好环境，形成有效聚合稀缺智才、保障实用人才供给的人才机制，激发各类人才参与乡村振兴的内生动力。到2020年10月底，已引进专业人才1.5万余名，培训职业农民和职业经理人5000余人，选聘优秀退伍军人、返乡大学生2000余人充实村干部队伍，呈现出"新村民"、新农人、新乡贤涌现的良好态势。

一 郫都区推动乡村人才振兴的实践探索

随着城镇化不断推进，农村人口通过升学、就业、购房、务工、参军、婚嫁等途径向城市流动，导致部分地区产业空心化、农业边缘化、农民老龄化、集体经济空壳化、乡村治理弱化。受制于城乡人口双向流动等制度障碍，农村集体经济组织成员"只出不进"，一些愿意到乡村服务的城市人才却"进村无路"，使得引进人才的难度很大，进一步加速农村人才流失。抽样调查郫都区唐昌镇战旗村等7个村，2019年总共流入1801人，流出2029人，净流出228人，村年均净流出32.5人。流出人群主要是有知识、有技术、有能力的精壮劳动力，导致农村劳动力逐渐减少、产业发展和经营管理人才不足，集体经济发展所需人才匮乏。人才是乡村振兴的根本所在，没有人才也就谈不上乡村振兴。郫都区全面实施"引、育、用、留、管"的人才战略，努力构建乡村振兴人才涌现机制。

（一）引导外流人才返乡

一是鼓励大学生返乡兴业。深化校地企合作，与西华大学、电子科技大学等高校合作建立22个大学生就业创业基地，制定出台创业就业补贴政策，成立青年致富带头人发展促进会，引入专业导师团队开展全周期创业辅导服务，吸引1000余名大学生返乡就业创业，被团中央授予全国首个大学生创业示范园。引进我国台湾团队在广福村开展陪伴式成长服务，吸引8名大学生回村发展盆栽韭菜、韭菜扎染、音乐文创等新业态。返乡大学生杨益明回乡创办公司，种植鲜花300亩，年产值超200万元。

二是扶持退伍军人返乡创业。建立全省首个退役军人就业创业孵化基地，培养出高志孝等80多名创新创业带头人和优秀乡村企业家。退役军人田小君筹资1000余万元，在安德街道广福村打造"泥巴小院乡村主题文化创意体验园"，让30余个村民就地就业，带动村集体年增收15万元。棋田村13名退役军人筹资39万元，创立冬水坝农场，率先开展"共享田园"试点，通过整合土地、农房、股权、资产等乡村资源资产，构建城乡创业、要素、产品、生活、生态"五大共享"发展新形态,吸引社会投资2000万元,引进"新村民"29人、新农人85人。

三是支持帮助农民工回乡创业。建立郫都区在外务工人员定期座谈、跟踪对接"送信息、送服务"等常态联系机制,围绕绿色通道、金融支持、奖励补贴等方面,健全完善农民工返乡创业激励机制,降低创业成本;搭建电商孵化等创新创业平台,吸引2000余名农民工回乡,从事生态农业种植、精品花卉产销、民宿酒店经营等工作。深圳驻唱歌手王辉看准机遇,返回战旗村创业,在"乡村十八坊"开设辣椒坊,月收入3万余元。

(二)吸引优秀人才下乡

为吸引城市优秀人才到乡村创业创新,成为"新农人",郫都区以多种举措增强乡村发展对优秀人才的吸引力。

一是以全域双创吸引人才下乡。深化全国双创示范基地建设,出台《关于打造创客郫都推动创新创业全域发展的若干政策》,强化孵化链、科技链、资金链、政策链、产业链"五链融合",推进农业双创,聚集农业初创项目2000余个、吸引"乡村创客"5000余人,被评为全国农村创业创新典型县(区)。

二是以"都市田园梦"吸引人才下乡。利用农田、林盘、水系等乡村资源，开展农用地认种、农产品订制、科普教育、田园康养、观光消费，吸引城市居民到乡村"微创新微创业"、体验农耕生活、感悟农耕文化、留住美丽乡愁。累计招引"新农人"2000多人，带动了乡村旅游发展和农产品就地市场化，促进"消费城市"向"消费乡村"延伸。中国人民大学毕业生苏洮与3名志同道合的大学生朋友，到安龙村创办蝉鸣学堂，开办亲子课堂，开展自然教育，弘扬优秀传统文化。

三是以产业项目吸引人才下乡。围绕各村产业发展需求，依托集体经营性建设用地、闲置林盘、宅基地各类资源，采取集建入市、折价入股、使用权租赁等方式，引进农商文旅融合等各类产业项目67个，聚集200多名有实力有情怀的企业家。金田育苗总经理李春文引进德国班纳利公司，投资1.3亿元建设金品花卉种苗繁育创新基地，带动周边建成3万亩农业精品园，种植农户销售收入超2亿元。

（三）促进各类人才留乡

为促进返乡、下乡人才留得住，郫都区探索了"新村民"招引机制、"新乡贤"选塑机制，为各类人才灵活制定驻村机制。一是探索"新村民"选育机制。瞄准村庄发展的紧缺人才，赋予非集体经济组织成员（新村民）宅基地资格权、使用权、集体分配权、落户权等，吸引有情怀、有实力、有项目、有资本的优秀人才成为"新村民"。截至2020年10月底，累计引进"新村民"140人。二是探索"新乡贤"选塑机制。采取村民推荐、镇街审核、公示认定等"晒、选、评"方式，面向企业家、退伍军人、离退休干部、致富带头人、道德模范等群体，甄选"新乡贤"400多名，建立日常考核及退出机制，形成村村有乡贤、镇街有组织的局面。三是创新实施"大师驻村"机制。柔性引入37名高端人才结对服务31个村；推行"一村一院校"，采取"院（校）+企业+村（社）"股份合作模式，引导高校专家学者进村入户，建设农业"智库""大脑"，构建"专家智囊+实操高手+新型职业农民"人才体系。

【案例】 "新村民"破解人才融入乡村难题

城市人才下乡的瓶颈是城乡二元制度壁垒，下不去、留不住、融不进的问题较为突出，无法获得身份上的认同。为破解这些难题，打通城市人才下乡的通道，郫都区开展了引进"新村民"的探索创新，出台了《"共享田园新村民"引进指导意见（试行）》，作为城乡融合发展试验的一项内容,在部分行政村进行了试点。

一是发布需求清单。按照"资源资产吸引人才、共建共享激活动力"思路,根据资源承载能力确定引进人才数量,围绕弥补产业发展、村级治理、公共服务短板,重点引进乡村旅游、卫生教育、文化艺术等8类紧缺人才,制定人才需求目录,面向社会发布需求清单。

二是明确引进条件。必须是能够促进乡村振兴的急需人才,且具有投资项目或服务项目,对农村有情怀、有技能、有实力、会经营、善管理,能够遵守村规民约,参与村庄建设,盘活村庄资源,促进集体经济发展,带动农村增收致富,并能融入村庄。

三是划定权利义务。"新村民"可享受村庄土地、资源的经营权,一定年限的宅基地使用权,以及教育等公共服务、参与村庄事务的权利,并可落户(不参与当地集体经济组织利益分配)。获得"新村民"身份后,必须遵守村民自治章程,执行村民会议、村民代表会议和村民委员会的决议决定。

四是规范民主程序。建立"新村民"网络招募平台,实施自愿申请、资格初审、村民代表会议表决、公示、签订入村协议、颁发证书"新村民"招引"六步工作法"。符合条件的人才向村庄自愿提出申请,村民委员会审查资格、提出候选人名单,然后召开村民会议或村民代表会议进行表决,2/3以上村民或村民代表同意方可表决通过,经公示后对"新村民"进行颁证。

五是创新共建机制。以农村宅基地、承包地等"三权分置"为基础,通过出租、入股等形式充分整合低效农用地、闲置宅基地、荒滩地和水面等资产资源,建设共享菜地粮田、特色民宿、个性村居等,吸引有情怀、有实力、有项目、有资本的优秀人才服务乡村发展,实现产权、产品、生活、生态共享。

六是严格管理考核。对"新村民"实行档案管理,建立日常联络机制,对其参与区域经济和社会发展的成效进行评比,对违反入驻协议或考核不合格的"新村民",按相关约定劝其退出。主动放弃"新村民"身份的,需提出书面申请,协商一致后,按程序退出。截至2020年10月底,棋田村已从一百多位报名者中成功招引5名"新村民",纳入试点范围的战旗村、安龙村、广福村也成功招引了"新村民"。首批共招募新村民17名,引入了国学培训工作者李星,投资创办"安农书院",带动蜀派古琴传承人俞琴秦等老师,开展国学培训、农事体验、传统技艺传承,受到村民欢迎。

（四）创新培养赋能机制

做好培训培养工作，是提高乡村人才队伍能力水平、为乡村振兴注入持久动力的关键。郫都区通过整合培训资源、创新培训机制、开展人才认定等，形成了可持续乡村人才生成和涌现机制。

一是创办四川战旗乡村振兴培训学院。与清华大学等14所高校建立战略合作联盟，引入专家学者60余人，选育本土优秀人才60余人，构建"大专家＋兼职讲师＋土专家"特色师资队伍。按照"实战、实用、实效"思路，结合区域、行业和产业特点，分层分类开展乡村工匠、农民实用技术、农村现代经营管理人才等培训，截至2020年10月底培养种植能手和乡村工匠860人、新型职业农民4000多人、农业职业经理人621名。

二是开展新型职业农民认定。出台《新型职业农民认定管理办法（试行）》，创新"选、培、评、用、退、支、服、保"多位一体的新型职业农民队伍建设标准，认定农业职业经理人621名、新型职业农民4101名。

三是开展农民传统技艺培训。以新时代乡村振兴讲习所、农民夜校等平台开展农民喜闻乐见的培训活动，培育布鞋匠人、竹编艺人、蜀绣达人等乡村"土专家""田秀才""农能人"。唐昌镇通过吸引182名文化人才和文艺爱好者,汇聚本土文化艺术"土专家"24人,遴选"星探"20人,建立文化队伍10类32支,"培训育"出10余个有一定专业水平和较高观赏性的文化节目,创新10余个本土题材剧目,打造了2支品牌队伍,创作的节目亮相央视、四川电视台、成都电视台,极大地满足了人民群众对公共文化的需求。

【案例】　　　乡村振兴培训学院

成立乡村振兴培训学院,是郫都区培育乡村振兴人才的关键性支撑举措。郫都区率先在全国成立"四川战旗乡村振兴培训学院",旨在培养一大批"一懂两爱"的乡村振兴管理者、经营者和各类实用人才,全力打造集政策研究、教育培训、智库咨询、孵化创新为一体的乡村振兴专业院校,解决推进乡村振兴的人才瓶颈。

学院于2018年8月经省农工委、民政厅批准成立,2019年2月12日正式开班运营。学院地处郫都区战旗村,占地面积28亩,总建筑面积6500平方米,可同时容纳1200人教学。学院是具有独立法人资格的民办非企业单位,由唐昌战旗资产管理有限公司以战旗村集体经营性建设用地入股(占49%)、郫都区国有资产投资经营公司出资入股（占51%）共同组建的成都蜀源战旗企业管理有限公司作为投资办学主体。

学院培养乡村人才的具体做法：一是整合师资队伍。采取"院校合作、组织引荐、公开招募、自主培养"等方式，整合省市高校、科研机构、党政机关、社会团体及基层组织各类专家教授370余名，形成了"特聘专家+客座教授+专职讲师"的师资队伍。二是做精培训内容。以乡村振兴一线管理者、经营者需求为导向，讲授乡村振兴的优秀案例经验、新农人的职业技能知识、村干部的综合管理知识等，形成"解读战旗""村支部书记能力提升班"等精品班3个。三是创新培训形式。按照"实用管用、轻松愉快"的要求，以参训者的实际体验和培训成效为导向，推动课堂式、访谈式、体验式、情景式、互动式"五式融合"，邀请优秀村干部现场教学。四是扩大社会影响。先后承办全国乡村旅游（民宿）大会、全国名村支部书记论坛等重大活动20余场次，荣获"半月谈基层治理智库基地""全国乡村旅游人才培训基地"等称号。截至2020年10月底，学院已累计开办各类培训活动390余期，共4.3万人次，学员覆盖全国18个省市。

【案例】 唐昌镇乡村文化人才队伍建设

唐昌镇以战旗村、先锋村为试点，各村积极跟进，汇聚起本土文化艺术爱好者182人和文艺"土专家"24人。一是建立"主动报名渠道",吸引120余名文化人才和文艺爱好者主动报名;二是遴选热心人士担任"星探",建立"被动发现渠道",发动44名群众加入文化队伍;三是在爱好者中遴选队员自建小分队,建立"以才聚才渠道"。以村(社区)为单位,根据爱好和特长对文化人员进行梳理、登记、造册,分别建立了舞蹈、龙狮灯、秧歌、腰鼓、民乐、曲艺等10种类型文化队伍32支。例如,战旗村组建了龙狮民俗队、开心舞蹈队、青年艺术队、战旗民乐队、战旗腰鼓队5支文化队伍,先锋村已组建了民俗婚庆队、农耕艺术队、农夫女团3支队伍。战旗村退伍军人彭祖彬作为"星探"典型代表,他发挥"文艺兵"本色,主动报名加入战旗文化艺术团,先后推荐20余名村民加入,目前他已担任战旗文化艺术团秘书长,负责文化队伍的日常排练和人才招募。村(社区)提供训练和演出场地,配套一定活动经费,促进队员从"业余"向"专业"蝶变,有效提升文化艺术水平。各文化队伍自行安排时间坚持自主排练,循序渐进提升表演、艺术水平。镇、村(社区)不定期邀请本土艺人和区外专业团队开展交流互动、现场指导,让节目更专业、表演更具观赏性。例如,邀请本土书画家赵仁春、张浴新等老一辈文化人作为"文艺导师",参与唐昌镇"七夕"等传统文化活动策划；战旗村邀请成都电视台导演李和清指导节目编排；先锋村邀请"新村民"傅录志共同策划节目，推出了"农夫闹新春"等文化活动。

（五）激发人才使用潜能

把人才配向乡村发展的薄弱环节、瓶颈领域，才能发挥人才助力乡村振兴的最大作用。郫都区引导优秀人才向基层干部队伍建设和乡村治理机制创新集中，以促进乡村组织振兴，破解乡村治理体系和治理能力现代化的难题。

一是充实基层干部队伍。基层干部队伍是乡村振兴工作的骨干。郫都区从培育壮大基层干部队伍入手，增强乡村振兴工作的执行力、组织力。通过"选、育、炼、用、管"五步工作法，建立355人的村级后备干部人才库，改善村干部的年龄、学历、专业、能力结构。面向大学生、退役军人，定向招募公共服务、乡村治理等紧缺人才，优先选聘为社区工作者，择优纳入村（社区）后备干部队伍，引导扶持成立社会组织，承接乡村发展治理项目。已充实优秀退役军人、返乡大学生2000余人到村社区干部队伍。选派优秀青年干部、乡村干部进村任职，配强村"两委"班子。

探索村（社区）干部"让与下"机制，确保有志、有能之人进来，健全人才管理制度。

二是创新乡村治理人才参与机制。建立区级乡贤联谊会和镇街、村（社区）乡贤协商会，搭建"新乡贤"发挥作用平台，邀请"新乡贤"当好民生问题调研员、社情民意信息员、邻里纠纷调解员、民主决策监督员，示范带动村民参与乡村治理、产业发展、文化传播、乡风文明涵养，推动乡村自治、法治、德治融合。吉林省榆树市残联退休干部刘彦落户到战旗村，开办"东北水饺"店、"汤圆坊"，带动村民创业就业，组建"战旗大妈服务队"，开展邻里纠纷调解、公共环境维护等志愿服务。

二 郫都区推动乡村人才振兴的经验启示

郫都区显现出的乡村对人才下乡返乡的吸引力,以及乡村振兴人才涌现的态势,已经说明其推进乡村人才振兴的工作走在了全国前列,对其他地区具有很好的借鉴价值。其中,"新村民"引进机制、乡村振兴培训学院的探索,有效破解了乡村急缺人才的引进和培育难题,是乡村振兴人才涌现的关键性制度保障,具有极高的示范价值。其值得借鉴的经验有如下几方面。

一是"引、育、用、留、管"统筹谋划。乡村人才振兴涉及人才的"引、育、用、留、管"全程,需要营造人才创新创业的良好环境。郫都区乡村振兴人才涌现机制的形成,就在于坚持引人、育人、用人、留人、管人的统筹谋划、一体布局,调动了各类人才参与乡村振兴的积极性。如探索"新村民"选拔机制，打通乡村急需人才获得村民身份、享受相关权利的制度障碍，畅通了城市人才带项目、带资金、带资源下乡的通道；建立乡村振兴培训学院，培训培养从事乡村振兴工作一线的基层干部、村干部和新型职业农民、农村实用人才等；健全人才使用和管理的制度体系，完善人才服务体系，搭建面向乡村振兴的创新创业孵化平台，构建"专家智囊+实操高手+新型职业农民"人才体系。

二是健全乡村人才服务体系。做好乡村人才服务工作，为人才下乡干事创业营造良好环境是增强乡村吸引力的关键所在。郫都区建立全方位、多层次乡村人才服务体系，让入乡返乡人才留得下、干得好、有成就。如搭建创业创新平台，推进全域"双创"，建设全国双创示范基地，为人才搭建干事创业的舞台；建设全国首个大学生创业示范园，成立青年致富带头人发展促进会，引入专业导师团队开展全周期创业辅导服务，吸引1000余名大学生返乡就业创业；建立全省首个退役军人就业创业孵化基地，建立郫都区在外务工人员定期座谈、跟踪对接"送信息、送服务"等常态联系机制，搭建电商孵化等创新创业平台，为返乡退役军人、返乡农民工创业提供服务。

三是建立人才培训长效机制。人才培训培养需要支出大量成本，难免会加重地方政府财政负担。郫都区以教育产业化探索乡村振兴人才培训培养的长效机制。依托战旗村品牌作用，乡村振兴学院立足成都、辐射全省、面向全国，开展乡村人才培训业务，举办来自全国各地培训班170期，培训2.3万人次。以此为契机，发展乡村人才培训产业，组建乡村振兴培训产业联盟，整合乡村酒店、特色餐饮、产业功能区、知名村庄等的产业资源，构建培训产业生态圈，打造郫都区乡村产业发展新引擎。挖掘培训教育的新产业新业态孵化功能，依托知名高校智力资源和校友经济圈，开展农村电商、直播、短视频等领域教育培训，共建全国首个直播新经济产业园区，推动新经济、新技术赋能产业振兴。

四是以系统思维医好人才振兴痛点。乡村人才振兴需要乡村产业振兴、生态振兴、组织振兴、文化振兴的相互支撑。这就需要把乡村人才振兴放到乡村全面振兴的大局中去审视，以改革创新破解乡村人才振兴的制约因素和工作瓶颈。以往改革措施往往是沿着"头疼医头，脚痛治脚"的固有思维路径深化改革，往往导致改革越深入，面临的问题挑战越多、越艰巨。以系统性、整体性、协同性的方法论深化改革，关键在于找准痛点，以组合改革、系统改革，发挥出"头疼医脚，脚痛治头"意想不到的效果。郫都区推进乡村人才振兴的过程中，就十分注重这一点。除了加大培训培养力度挖掘本土人才外，更重要的是动员城市人才下乡、外流人才返乡。这时，单纯的激励动员和政策吸引并不能解决问题，而是需要从身份赋予、权利享受、主观融入等痛点下手，打通人才下乡通道。这些痛点的解决，需要农村土地改革和集体产权制度改革措施的配合。郫都区"新村民"招引机制的亮点就是让"新村民"享受优先流转土地或经营村集体资产，获得一定期限宅基地使用权，同等享受公共服务、参与村庄集体事务，能够落户等，化解了"身份"上的认同难题和融入障碍，真正打通了人才下乡、返乡通道。

魏后凯　中国社会科学院农村发展研究所所长、研究员，十三届全国人大农业与农村委员会委员，国务院学位委员会农林经济管理学科评议组成员，中国社会科学院大学特聘课程主讲教授、博士生导师。兼任中国社会科学院城乡发展一体化智库常务副理事长，中国农村发展学会、中国林牧渔业经济学会会长，中国区域经济学会、中国城市经济学会副会长，中央农办、农业农村部乡村振兴专家咨询委员会委员，民政部、北京市、山东省、广东省等决策咨询委员，入选国家"万人计划"哲学社会科学领军人才和文化名家暨"四个一批"人才。长期从事区域经济与农村发展研究，出版中英文学术专著20多部，在SCI/SSCI、CSSCI和中国人文社会科学核心期刊发表中英文学术论文200多篇，科研成果获20多项省部级及以上奖励。

苑鹏　中国社会科学院农村发展研究所副所长、二级研究员，博士生导师，国务院特殊津贴专家。兼任中国国外农业经济研究会会长，中国农村合作经济管理学会副会长。长期从事农村合作经济研究，曾任联合国"国际合作社年专家委员会"专家成员（2011—2012），《农民专业合作社法》起草工作组（2003—2006）与修订工作组（2016—2017）专家成员。曾主持国家社科基金项目、政府部委及国际机构研究项目五十余项，在《中国社会科学》《管理世界》《中国农村经济》等期刊发表论文百余篇。合作研究成果曾获得孙冶方经济科学奖论文奖、中国农村发展研究奖著作（论文）奖，独著成果多次获得中国社会科学院优秀科研成果奖和优秀对策信息奖。2019年获得"全国三八红旗手"荣誉称号。

芦千文　中国社会科学院农村发展研究所助理研究员，主要从事农业经营组织与制度、农业生产托管和农业经济史研究，在《中国农村经济》《农业经济问题》《中国经济史研究》《经济学家》等期刊发表论文数十篇。